CATALOGUE

DES ARCHIVES

DE

L'ABBAYE DE ST. MIHIEL EN LORRAINE.

CARTULAIRES, CHARTES ORIGINALES, AUTOGRAPHES.

PARIS,

EDWIN TROSS.

11, Place de la Bourse.

1853.

IMPRIMÉ CHEZ G. GROTE A HAMM S. LIPPE.

AVERTISSEMENT

L'importance de ces archives qui présentent une suite de documents précieux pour l'histoire, dès les temps les plus reculés jusqu'au XVIII siècle, ne saurait être contestée, et nous croyons pouvoir nous dispenser d'en relever la grande valeur. Cequi en augmente le mérite, c'est que les pièces déjà publiées par *Mabillon, Calmet, de l'Isle, Bouquet* et *Pertz* (Monum. Germ. hist. T. VI), d'après des copies peu exactes, fourmillent, principalement dans les noms propres, de fautes bien graves, de sorte qu'on ne peut guère se fier à ces reproductions. Les chartes françaises (N. 112 et suivants) que nous avons marquées par *Fr.*, sont, en même temps, non seulement des documents indispensables pour l'histoire et la topographie de la Lorraine au moyen-âge, mais aussi des monuments de linguistique du plus grand intérêt qui méritent d'être étudiés avec soin.

Les numéros 15, 297 et 297ᵇ fournissent des notices, précieuses pour l'histoire des beaux arts en France, sur le célèbre sculpteur *Ligier Richier,* le peintre *Cuny Bertin* dont le nom, pourvu que nous ne nous trompions pas, a été inconnu jusqu'à-présent, et sur la famille des *Jenson* de laquelle paraît être issu le fameux imprimeur *Nicolaus Jenson Gallicus* dont les productions typographiques sont si recherchées. Monsieur Marchand, dans sa notice sur le S. sépulcre, fait aussi mention de *Didier Richier,* tailleur d'images, qu'il dit avoir acheté, en 1536, une maison à St. Mihiel, en la rue de la place des drapiers, et qu'il croit être le père de Ligier. Nous n'avons pas vu cette charte; mais si réellement ce Didier a été père et non pas frère à Ligier, il faudra supposer que *Jean Richier* (N. 297ᵇ.) en a été le grand-père, et que Ligier a eu un fils ou un cousin du même nom. Car, d'après M. Marchand, Ligier Richier a encore exécuté un monument en ou même après 1591, et il nous paraît impossible que ce soit le même Ligier qui dans la charte de

1533 est déjà qualifié de „*maistre Ligier Richier imagier.*" Du moins il sera difficile à croire que, dans un âge si avancé, Ligier ait encore pu exécuter des travaux de si longue haleine. Quoi qu'il en soit, de nouvelles recherches ne seront point superflues.

Quant à la collection de M. Marchand (N. 343—360), nous faisons remarquer qu'elle contient un grand nombre de notices et d'études qu'il a faites dans le cours de beaucoup d'années, et qui pourront servir à éclaircir l'histoire de la Lorraine et, en particulier, celle de St. Mihiel et des environs.

Les amateurs d'*autographes* qui se donneront la peine de parcourir ce catalogue, y trouveront, outre les pièces indiquées à la fin, parmi lesquelles il y en a de la plus grande rareté et de haute importance, de quoi enrichir leurs collections. Nous nous contentons de signaler seulement les numéros 28, 31, 235, 278, 288, 297, 299 et 301.

Au reste, la notice sur le titre de *Dom* que nous avons donnée (N. 168) d'après de l'Isle, n'est pas exacte. Il se trouve déjà, en 1285, dans la charte d'accompagnement entre *Dans* (Dom) Ferris, abbé du couvent de St. Benoît, et Thiebault comte de Bar, N. 326.

Hamm s. Lippe, Westphalie, Prusse.

Dr. L. Tross.

CARTULAIRES ET AUTRES PIÈCES DU MÊME GENRE.

1. *Cartulaire* de l'ancienne abbaye de *St. Mihiel* en Lorraine. *Manuscrit de la première moitié du XII siècle*, pet. in Folio. Veau.

   Ce volume précieux, sur peau de vélin et d'une belle écriture très-lisible, se compose de 101 feuillets à deux colonnes, portant 28 ou 29 lignes chacune. Les 16 premiers feuillets renferment une histoire intéressante du monastère de St. Mihiel, les suivants, jusqu'au 65me, quatrevingt-treize chartes depuis 705 jusqu'en 1093, entr'autres de Charlemagne, de Louis le Débonnaire, de Lothaire, de Zuentibolc, toutes en langue latine et écrites de la même main au XII siècle. Le reste, d'une main du XIV siècle, contient deux chartes latines de 1227 et 1298, et plusieurs autres en français, de 1206 jusqu'en 1289. Il sera difficile de trouver un volume qui soit plus important pour l'histoire de toute la Lorraine et des provinces voisines. Un assez grand nombre des pièces qui se trouvent dans ce cartulaire, ont été imprimées dans l'histoire de St. Mihiel, mais cette reproduction fourmille de fautes graves, principalement dans les noms propres.

2. *Recueil* des titres de donations concernant l'abbaye de *St. Mihiel*. Manuscrit de 70 feuillets, in Folio, *sur vélin*, écriture du XIV et du XV siècle.

   Ce manuscrit renferme plusieurs centaines de chartes, la plupart en français, depuis le XIII jusqu'au XV siècle, non moins importantes pour l'histoire de la Lorraine que par rapport à la langue de ces temps.

3. *Cartulaire* de la terre de *Condé en Barrois*, composé par Dom *Claude de Custine*. Manuscrit sur papier, de la fin du XIV siècle, 122 feuillets in 4°. Reliure du temps.

   Egalement important que les numéros précédents. L'écriture en est belle et bien lisible.

4. *Obituaire* „de tous ceux et celles qui ont donné rentes, cences et deniers à l'église et monastère de St. Michel à St. Mihiel." Manuscrit sur vélin, 34 feuillets, in Folio.

   Cet obituaire, écrit au XV siècle, d'après un autre plus ancien, et continué depuis, est une source indispensable pour la généalogie des familles les plus distinguées de la Lorraine.

5. *Cartulaire* du prieuré d'*Apremont*. Manuscrit sur papier du XV siècle, 16 ff. in Folio. Vél.

   Ce cartulaire renferme 18 chartes de grand intérêt, copiées au XV siècle et authentiquées d'après les originaux en 1646 par le notaire Haucquet.

6. *Extraits* concernans la fondation de l'abbaye et érection de la ville de St. Mihiel, par docte et scientifique personne maistre *Richard de Wassebourg*. Manuscrit sur pap. du XVII siècle, in Fol. Vélin.

   Ce manuscrit très-lisible contient entr'autres une histoire fort intéressante de St. Mihiel, depuis sa fondation jusqu'aux temps de l'auteur.

7. *Chartes* de l'église de *Remiremont*, copiées d'après les originaux en 1727. Ms. sur papier, 87 ff. in Folio. Vél.

> Ce beau manuscrit renferme un très-grand nombre de chartes depuis 1134 jusqu'en 1724, tout aussi importantes que celles du premier numéro.

8. Copie *des titres* de tous les biens, revenus et dépendances de l'abbaye St. Mihiel. Ms. sur pap. du XVI siècle, in Fol. Vélin.

> • Ce manuscrit bien lisible, formant 400 pages, renferme une infinité de chartes et de titres de plus ou moins d'importance pour l'histoire de presque toutes les villes et villages de la Lorraine, et ce qui le rend d'autant plus précieux, c'est qu'il y a un grand nombre de notes fort savantes de la main de Mr. M a r c h a n d, avocat à St. Mihiel.

9. *Déclarations* des cens de la pitancerie de l'abbaye de St. Mihiel. Manuscrit sur vélin du commencement du XV siècle, 44 ff. in Fol. Vél.

10. Autres *déclarations* des cens de la même pitancerie. Manuscrit sur vélin de 73 ff. Rel. en bois recouv. de peau de truie.

> Ce beau manuscrit a été fait „par H e r m e n o n s d e L e h e m e i x lan mil. trois cens. LXIX. au commandemant de signour D r u e e d e W i pitancier pour le temps.“

11. Autres *déclarations* des cens de la pitancerie. Ms. du XV siècle, sur vélin, 90 ff. in Fol. Rel. en bois recouv. de peau de truie.

> „Lan mil iiij cent et XIII fist faire ce p̄ t cartulaire mess. h u g u e d o s e n n pitancier.... par la main de J e h a n l a J o m e clerc et tabellion... et fut assevie p. la main de moy T h o m a s M a r c h a n t pltre.“

12. Grand paquet formé de 44 cahiers de comptes de la pitancerie du XV siècle, sur papier, in Folio.

13. Autre paquet contenant 25 cahiers des mêmes comptes, depuis 1500 jusqu'à 1599, sur papier, in Folio.

14. Autre paquet de 22 cahiers du XV—XVII siècle, renferment des comptes de la pitancerie, de l'enfermerie et de la pissonnerie (poissonnerie).

> Dans ces comptes de la pitancerie, comme dans ceux des autres offices où sont specifiées toutes les rentes y destinées, provenant des différents biens et terres de l'abbaye, l'on pourra puiser beaucoup de dates historiques et géographiques importantes, non seulement pour les environs de St. Mihiel, mais aussi pour toute la Lorraine et les provinces voisines.

15. *Notices* sur le canton de St. Mihiel, avec une carte dessinée, un plan de la ville de St. Mihiel, deux dessins de sceaux et d'armoiries et un autre représentant les ruines du chateau de Gomberveaux. Ms. du XIX siècle.

> On y trouve un essai sur le fameux artiste L i g i e r R i c h i e r.

16. Estat général du Temporel du couvent de l'abbaye de St. Michel de St. Mihiel dressé en Janvier 1622. Ms. sur papier, 44 ff. Fol. Vél.

17. Spécification de toutes les rentes des différents offices de l'abbaye de St. Mihiel, dressée en 1640, ms. sur papier, de 136 ff. in Fol. Vél.

18. Compte de toutes les rentes de St. Mihiel, tant en deniers, qu'en grains, cire, chappons *etc.*, dressé par *François* de *Rosières*, capitaine prevost ecuyer et receueur de St. Mihiel, en 1627, 166 ff. in Fol. Vél.

19. Inventaire des titres concernans les droicts seigneuriaux et autres droicts, cens, rentes et revenus de l'abbaye de St. Mihiel et des prieurés et membres deppendantes. Ms. du XVII siècle, sur papier, 103 ff. in Fol. s. r.

20. Eglises assises au balliage de St. Miel Duché de Bar. Manuscrit du même temps, s. pap., 40 ff. in Fol.

> C'est une spécification des rentes provenant de ces églises.

21. Journalier de ce qui arrive en l'abbaye de St. Mihiel à l'égard de la manse conventuelle, 134 ff., dont plusieurs blancs, in Fol. Vél.

> Ce manuscrit rapporte beaucoup de faits remarquables depuis le mois de Janvier 1719 jusqu'en 1767, entr'autres l'histoire d'un incendiaire condamné a être brulé après avoir été étranglé, une notice sur la mort de Stanislas Lescinski etc.

22. Divers extraits et notices historiques sur l'état de l'abbaye de St. Mihiel, jusqu'en 1764, in Fol. Vél.

> Quatorze feuillets seulement renferment ces notices assez intéressantes, le reste du volume est en blanc.

23. Recueil d'arrêts de la cour souveraine de Lorraine et Barrois, rédigé par Mr. *de Serre*, conseiller, et continué par Mr. *Ferriet* aussi conseiller à la cour. in Fol. Vél.

> Volume de plus de 200 feuillets dont le cinquième avant la fin porte la date de 1734.

24. Autre recueil semblable de plus de 400 feuillets, in Fol. Cart.

25. Déclaration des domaines de St. Mihiel, Hattonchâtel et Apremont, 247 ff. in Fol.

> Volume de beaucoup d'intérèt.

26. Compte de la mense conventuelle pour une année de 1771 à 72, 50 ff. in Fol. Cart.

27. Memorial et usage de M. Louis Eustache de *Brady*, avocat à la cour souveraine de Lorraine *etc.* 209 ff. in Fol. Vél.

> Ce mémorial, commençant en 1698 et continué depuis, renferme un grand nombre de faits remarquables, passés en France et ailleurs, une histoire généalogique de la famille des Bradie ou Brady, généalogie de la noble famille des Barbonnier, généalogie et filiation des Platel du Plateaux de Barleduc et S. Mihiel, et blazon des armes de la noble famille des Lallemant.

28. Dom *Nicole Loupvent voyage transmarin* de la sainte cité de Jerusalem, avec la description d'aulcuns lieux, portz, villes, cites et aultres passaiges, fait lan mil cinqcent trente et ung. 97 feuillets. Fol. cart.

> Voyage inédit, infiniment curieux. Ce volume est d'autant plus précieux que c'est l'autographe, dont aucune copie, à ce que l'on sache, n'est connue. Nous pouvons nous dispenser de relever le grand mérite de ce bijou littéraire.

29. Pièces relatives à la fondation et l'histoire de l'abbaye de St. Mihiel, copiées d'anciennes relations et chartes, dans la première moitié du XVI siècle, 53 ff. in Fol. Vél.

> On y trouve aussi (f. 35 suivv.) deux poëmes latins: Amicus Petro Carolo et: Petrus Carolus amico monenti. Ces deux poëmes sont fort

intéressants pour l'histoire de la réforme en France. Malheureusement le 44me f. est déchiré.

30. Poëme réligieux en français. Manuscrit sur papier de la fin du XV ou du commencement du XVI siècle, 11 feuillets. Vél.

A la tête du premier feuillet se trouve le nom de Didier Chaffault. Serait-ce peutêtre l'auteur du poëme? En voici les premiers vers:

En prose en vers Bourguignons chanteront
leur toyson d'or et la conquesteront
au feu sortant de cailloux lacerez
par bons fusilz dacier fort acerez etc.

31. *Du Puy*, harangues, requisitoires et mélanges. Manuscrit du XVIII siècle, in Fol. Dos de mar. bl.

Ce beau volume renferme, outre plusieurs harangues et autres pièces fort intéressantes, une histoire des ducs de Lorraine de la troisième race.

32. Quatre grands cahiers in Fol. renfermant des copies la plûpart authentiquées d'anciens documents de l'abbaye de St. Mihiel.

On trouve dans ces cahiers des pièces indispensables pour l'histoire et la topographie du pays. Le 4me contient le catalogue de la confrérie de Notre Dame du st. Suffrage, érigée en l'église parochiale de St. Mihiel.

33. Priviléges, coutumes etc. des *arbaletiers* de St. Mihiel. Copie sur papier, gr. in Fol.

Ce sont des chartes fort curieuses de 1429, 1482 et 1560. Le cahier se compose de 12 ff. d'une très-belle écriture, aux quels on a ajouté 3 ff. de la main de Mr. Marchand, concernant le même sujet.

34. Volume in Folio, renfermant beaucoup de titres et pièces concern. l'église de *Notre Dame de Bar*.

Sur un feuillet détaché l'on trouve les inscriptions des six cloches de cette église. Dans le dos du volume sont collés plusieurs fragments très-anciens sur vél. d'un manuscrit du roman de Gauain.

35. La coutûme de St. Mihiel, commentée par M. *Perot*, avocat en la cour de Lorraine. 4, cart.

Ce manuscrit se compose de 180 pages, interfoliées de papier blanc.

36. Cartulaire du pricuré de *Notre Dame de Latre soub Amance*, rédigé en 1534, s. pap. in Fol.

Ce cartulaire de 21 ff. contient des diplômes de 1085 jusqu'en 1237, authentiqués et de beaucoup d'importance pour l'histoire. On y a ajouté un mémoire historique sur ce pricuré et une seconde copie d'une charte de 1137 avec une traduction en français. Le tout se compose de 33 ff.

37. Petit cartulaire du pricuré de St. *Hilaire*, 30 pages, in 4°

On y trouve six chartes authentiquées et intéressantes, de 1110—1237.

38. „Roole et déclaration de toutes les églises à scavoir de la cathedralle, des collegiattes et des paroisses, des monasteres, prieurés, chappelles et autres benefices dans la *ville et diocese de Verdun*, des patrons, collateurs,“ etc.* Manuscrit du XVIII siècle, pet. in Fol.

Ce manuscrit, rédigé à l'abbaye de St. Maur en 1712, est d'un grand intérêt. Il se compose de 48 ff.

39. **Fragments d'un cartulaire** du prieuré de *Bar-le-duc*, écrit au XV siècle, in Fol.

> Dans ces fragments, qui se composent d'environ 50 ff., dont la plûpart est encore en assez bon état, on trouve des documents de 1088 ss., qui pourront servir à constater beaucoup de faits remarquables.

40. **Chronologie des papes**, époques des principales cérimonies de l'Eglise et autres institutions ecclésiastiques ou faits relatifs à l'Eglise, avec une chronologie des antipapes. Ms. du XVIII et XIX S. Gr. in Folio.

> Ce manuscrit de 36 pages à deux colonnes, dont chacune porte de 70 à 78 lignes d'une écriture fort mince, mais fort belle et lisible, pourrait former un volume d'environ 200 pages. Cette chronologie doit être du plus grand intérêt, par ceque son très-savant auteur y a relaté avec soin une infinité de dates remarquables relatives à l'histoire du clergé et de l'état ecclésiastique, de la réligion et de la philosophie, tant en France qu'ailleurs. Elle est continuée jusqu'en 1802.

CHARTES ORIGINALES.

41. *Charte originale*, de 943 environ, au sujet de la destruction de la chapelle de Maizerai.

> Cette charte, déjà imprimée dans l'histoire de St.' Mihiel par Dom de l'Isle, a beaucoup souffert de pourriture, mais elle pourra presqu'entièrement être sauvée si quelque habile restaurateur la raccomode soigneusement en la collant sur une feuille de papier.

42. **Charte originale** de l'abbé *Odon I*, datée de 972, par laquelle il donne, du consentement du *du Frédéric*, de son épouse *Béatrice* et de leurs enfants, en emphytéose aux frères *Etienne* et *Widon* sept habitations et demie avec un moulin à Ermancourt (*in pago Scarminse super fluvio Matt*).

> Cette charte intéressante, au sujet de laquelle on peut consulter l'histoire de St. Mihiel par J. de L'Isle, p. 43, et qui se trouve aussi dans le cartulaire Nro. 1, p. 73 ss., est collée sur papier et assez bien conservée; l'écriture en est claire et belle.

43. *Pibon*, Evêque de *Toul*, ajoute au prieuré de *Bar-le-duc*, fondé par la comtesse *Sophie* et incorporé à l'abbaye de St. Mihiel, la paroisse de *Notre Dame de Bar*. Charte originale, datée du VI Kal. Septemb. 1088.

> Cette charte, haute de 22 p., large de 10 p., est assez bien conservée. V. l'histoire de St. Mihiel, p. 71.

44. **Copie de cette charte**, composée de 4 ff. de vélin in Fol., authentiquée en 1619.

45. *Karta Sophie comitisse de advocatia Condatensi in Germcurt*. Charte originale, datée de 1091, écrite par le chapelain Albéric, dans laquelle sont spécifiés les droits de *l'adovocatus* de ce lieu, et ceux qu'y avait l'abbé de St. Mihiel.

> Cette très-belle charte, haute de 19 p. 6 l., large de 19 p., se compose de trente lignes d'une grande écriture bien claire et bien lisible. Par rapport

à l'histoire du pays elle est de la plus grande importance, et ne se trouve pas dans le cartulaire.

46. Charte originale de *Richer*, Evêque de *Verdun*, datée „XIII Kal. Nov. 1098,“ dans laquelle il restitue au couvent de St. Michel une chapelle dans le *faubourg de Verdun*, dédiée à St. Pierre, que *l'advocatus* de ce couvent, le comte *Loduicus*, lui avait enlevée.

> Cette charte, collée sur papier, h. 15 p. l. 14 p., est fort intéressante et bien écrite. Elle est un peu endommagée, mais sans que le texte en ait souffert.

47. Charte originale du comte *Thierri* II, par laquelle il donne, conjointement avec son épouse *Ermentrude* et son fils *Louis,* à l'abbaye de St. Mihiel le prieuré d'*Asmingia* et plusieurs autres biens, pour se délivrer du péché de rapt qu'il avait commis en enlevant au dit prieuré un calice et plusieurs autres objets. *Actum publice apud Altkirc* A. D. 1102.

> V. au sujet de cette charte curieuse et assez bien conservée l'histoire de St. Mihiel, p. 80—81. Elle à 14 p. de hauteur sur 11 p. d. l.

48. Charte originale, datée „X Kal. Mart. 1122,“ par laquelle *Riquin,* Evêque de *Toul,* confirme la fondation du prieuré de *St. Thiebaud,* faite par le seigneur *Hugues de Bolmont* et déjà approuvée par *Pibon,* son prédécesseur.

> Cette très-belle charte, parfaitement bien conservée, 16 p. de h. sur 11 p. de l., spécifie tous les biens donnés à ce prieuré par le dit seigneur, la comtesse Lancenne de Clermont et autres personnes. Parmi les témoins sont nommés, entr'autres, Hugues comte de Risnel et Arnoulf son fils.

49. Charte originale, datée „XVII Kal. Jul. 1123,“ par laquelle *Riquin,* Evêque de *Toul,* confirme l'accord fait entre les réligieuses de *Ste. Marie à Laon* et l'abbé de *St. Mihiel* par rapport au *prieuré de St. Thiebaud.*

> Très-belle charte, haute 24 p. sur 18 p. de largeur.

50. Autre charte originale de la même année, „IV. Non. Aug.,“ par laquelle *Riquin* confirme le même accord.

> V. sur ces chartes dont la conservation ne laisse presque rien à désirer, l'hist. de St. Mihiel. p. 90—91.

51. Charte originale, datée „X Kal, Novemb. 1126,“ par laquelle *Henri,* Evêque de *Verdun,* confirme à *Lanzon,* abbé de St. Mihiel, la possession de la cure d'*Alliers* (ecclesie Alicrie).

> La charte est collée sur papier. La conservation en est bonne.

52. *Etienne,* Evêque de *Metz,* déclare avoir donné à *Albert* premier abbé de St. *Benoît,* le pouvoir d'acquérir dans son diocèse tout ce qu'il lui faudrait pour son couvent, et confirme ensuite une donation faite par *Thecelinus de uuiniuilla,* par sa femme *Freibort,* leurs fils *Gerard, Rainaud* et *Addelin,* et leur fille *Osilic.* A. 1124, Innocentio papante. Conrado feliciter regnante.

> C'ette charte est d'un grand intérêt pour la topographie durant le moyen-âge. La terre, qui fut objet de la donation, était située „a malo pertuso et thercansilva usque ad terram S. Symphoriani, et a praedio de Richermasnil usque ad communitatem.“ Aussi est-elle non moins intéressante pour la généalogie des nobles familles du pays.

53. **Charte originale**, datée de 1135, dans laquelle l'abbé *Lanzon* de St. Mihiel fait constater que, si un homme appartenant au prieuré de *Vieux-Moutier* prenait une femme dans la prévôté de la *Voivre,* le fils qui en naîtrait, appartiendrait à Vieux-Moutier, et reciproquement, si un homme appart. à la prévoté, prenait une femme à V. M., le fils appartiendrait à la prévôté de la Voivre.

> V. sur cette charte remarquable l'histoire de St. M. p. 99. Elle est bien conservée.

54. **Charte originale**, datée de 1137, dans laquelle *Etienne,* Evêque de *Metz, „dnus et advocatus Asmantie,“* approuve et confirme un acte par lequel son frère *Frédéric, comes Asmantie,* avait conféré à l'abbaye de St. Mihiel l'église de Ste Marie *sub Asmantia.*

> Parmi les noms des témoins se trouvent Theodericus primic. mettensis filius comitis Raynaldi, Fridericus caple ploijosa, Albero de parroi, et d'autres. L'écriture de cette charte est grande et très-belle.

55. **Charte originale** de 1138, dans laquelle *Etienne,* Evêque de *Metz,* confirme à l'abbé Albert et au frères du couvent de St. *Benoît* dans la forêt dite *Richismanil* tout ce qui leur avait été donné jusqu'alors et leur pourrait être donné pour le futur, principalement *„alodium de Richismanil, quod dna comitissa laudante viro suo Airardo Rodulfo et iam et Falcone de baroduce consentientibus cum omnibus appendiciis etc. concessit atque tradidit.“*

> Cette charte, vraiment superbe et très-bien conservée, est de la plus haute importance. Elle a 23 p. de h. sur une largeur de 17 p. La comtesse dont est fait mention, était Ailedis de Marseio. Voyez la charte de 1145 qui va suivre.

56. **Charte originale** de 1145, par laquelle *Alberon,* Evêque de *Verdun,* confirme à l'abbé *Jocelin* de St. *Benoît* et aux frères de ce lieu toutes leurs possessions dans son diocèse, déjà acquises ou à acquérir pour le futur, nommément le *predium de Moinmont.*

> Cette belle charte dont les 5 premières lignes ont un peu souffert par une brulûre, qui cependant n'a rien touché d'important, est d'un grand intérêt pour l'histoire et la généalogie des nobles familles du diocèse de Verdun. L'on y trouve la comtesse Ailedis de marseio avec son mari Airard (qualifié, sur le dos du diplôme, comme comte de Rincl) avec leurs fils et leurs filles, Hayldis de Cruia, Ulricus de moruilla et son frère Hugues; Ulricus de Sampiniaco et autres.

57. **Grande charte originale**, par la quelle *Alberon* Evêque de *Verdun* approuve et confirme tout ce qui s'est passé jusqu'alors au sujet de la fondation *d'Apremont.* Sans date, mais vers 1146. Elle a 23 p. de h. sur 14 p. de largeur.

> Cette charte importante est bien conservée, et l'on y a ajouté une copie du 17 siècle.

58. Le même *Alberon* confirme une donation, faite au même couvent, par *Baudoin d'Apremont* et sa femme *Isabel,* et une autre du tiers des dîmes de *Sommelongue,* faite par *Warnerius de Sombomont. „A. 1146, Eugenio papa existente, Conrado feliciter regnante.“*

> Belle écriture et tres-belle conservation.

59. *Manegaude*, abbé de St. Mihiel, et son couvent déclarent avoir con-féré à l'église St. *Vitoni* l'*alodium de boconella* que leur avait donné la comtesse *Ida de Saponariis* et son fils *Herbertus*. Charte originale *sans date*, mais d'environ 1149.

> Parmi les témoins étaient entr'autres Garnerus filius Garneri de Sampineio, Teobaldus de Salemania, Walterus et eius filius Ylermus de Lomunt.

60. Charte originale de 1150, par laquelle *Albert*, Evêque de *Verdun*, donne sous certaines conditions aux frères du couvent de St. *Benoît* une terre de la dot de l'église dè St. *Martin* de *mōuile* avec les dîmes.

61. Lettre originale du comte *Frédéric de Ferrotes* à son frère *Rainaud*, dans laquelle il le prie de maintenir tout cequ'il avait fait pour la fondation de l'église d'*Insming*, incorporée à l'abbaye de St. Mihiel.

> Cette lettre n'a point de date, mais elle doit avoir été écrite vers 1150.

62. Charte originale, sans date, mais d'environ 1150, dans laquelle *Henri*, Evêque de Toul, donne au couvent de St. *Benoît* en Voivre l'église d'*Ansoncourt* et la dîme tant menue que grosse.

> Charte très-belle et remarquable par ceque parmi les temoins se trouve St. Bernard de Clairvaux.

63. Charte originale s. d. (d'environ 1150) par laquelle *Haimon*, archidiacre de *Toul*, approuve le don que Henri Evèque de Toul a fait à l'église de St. Benoît des dîmes d'*Assoncourt*.

64. Charte originale, (sans date, mais d'environ 1150) par laquelle *Albert* Evêque de Verdun fait savoir et approuve que *Guidon* de *Wentronis uilla*, du consentement de sa femme *Petronille* et de ses fils, a donné à *Jocelin*, abbé de St. Benoît, le droit de pâturage du village de *Tilia* (Linden), moyennant un cens annuel de six deniers de Chalons.

> L'écriture est très-belle et la conservation parfaite.

65. Charte originale, datée de Trèves en 1151, par laquelle *Alberon*, Evêque de Trèves, assoupit une discorde entre le couvent *des Vaux* et celui de *St. Mihiel* au sujet de leur alleu commun de *domenges* et de plusieurs autres droits et rentes.

> On a joint à cette charte fort intéressante une autre, aussi originale, datée du mois d'Août 1258, dans laquelle Ourric abbé des Vaux s'accorde avec l'abbaye de St. Michel sur plusieurs points de querelle au sujet de quelques rentes et possessions. L'une et l'autre sont très-bien conservées.

66. *Etienne*, Evêque de *Metz*, fait un accord entre l'église *de St. Mihiel* et le comte *Henri de Salm* au sujet des dîmes à *Insming*. Charte originale, d'une très-belle écriture, „data Meti, VII Idvs Octobris 1152.“

67. Charte originale de 1152, dans laquelle *Alberon*, Evêque de *Verdun*, confirme une donation que *Rainard*, voué de Verdun, et sa femme, surnommée comtesse, du consentement de leurs héritiers, ont faite à l'église de St. *Benoît*.

> Les trois premières lignes de cette belle charte sont écrites en rouge et noir. Parmi les témoins sont: Falco de belloramo, Balduinus de Aspermonte, Warnerus et Theodericus de Sampineiaco et Arnulfus de Risnel.

68. Lettre originale du comte *Frédéric* de *Firreto* à *Hillin*, archévêque de Trèves, dans laquelle il le prie de maintenir l'abbaye de St. Mihiel dans la possession de l'église *d'Insming.* Sans date, mais apparemment vers 1160.

69. Sans date, mais vers 1160. *Hillin*, archevêque de Trèves, termine une querelle entre *Manegaude* abbé de St. *Mihiel* et *Agnès* abbesse de Ste *Glodesinde* au sujet des dîmes *d'Insming.*

> L'on apprend de cette charte que le prieuré d'Insming avait été fondé par le comte Frédéric de Ferrotes. Une copie authentiquée est ajoutée.

70. Charte originale de 1163, par laquelle *Théobald* chevalier, fils de *Warin de Salmagne,* et un autre chevalier de Verdun, nommé *Alexandre,* du consentement de son fils *Letard,* donnent à l'église de St. Mihiel toute leur propriété à *Romont.*

71. Acte original, par lequel l'église de *St. Germain* a été donnée au couvent de St. *Benoit* en Voivre, passé en 1178, „domno alexandro papa feliciter papante, dno frederico imperatore regnante.“

72. Charte originale, par laquelle l'Evêque de *Metz* donne, sous certaines conditions, à l'église de St. *Benoît* en Voivre (in vepria) une terre appartenant à sa cour (curiae) de *neulant,* en 1177. Le grand sceau en cire blanche y est encore.

73. Grande bulle du pape *Alexandre* III de l'année 1180, par laquelle il confirme tous les priviléges, droits et possessions de l'abbaye de l'*Etanche*-les-Hattonchâtel.

> Cette bulle a 24 p. de h. sur 19 de l. Elle est assez bien conservée, excepté le plomb qui n'y est plus.

74. Charte originale, sans date, mais de 1183 environ, par laquelle, „Gobertus, princeps et custos omnium honori Asperimontis pertinentium“ confirme tout ceque „*Rainaldus Pater Urrici et ipse*“ ont donné au couvent de la *Voivre* depuis 1129 jusqu'en 1183.

> Tous les biens sont spécifiés dans cette charte qui est de grande importance pour la topographie. Parmi les noms des témoins on trouve aussi celui de Vrricus de Croya. La charte est belle et bien conservée.

75. La même charte, *aussi originale, mieux conservée encore, avec le sceau.*

> Voilà deux expéditions conformes. La charte avait été écrite deux fois sur la même feuille de vélin et puis separée en deux à travers le mot CYROGRAPHVM, ceci s'est pratiqué assez souvent. Cependant c'est un fait bien rare que les deux expéditions se trouvent dans une même main.

76. *Pierre,* Evêque de *Toul* (Leucorum epc.) termine une querelle entre *Oddo,* prieur de l'église de Ste Marie en *Barrouilla,* et *Hugues,* chapelain de l'église *des lépreux* en *Popei,* au sujet des dîmes, en 1189.

77. Charte originale par laquelle *Henri comte de Bar,* pour *témoigner son répentir des maux qu'il avait infligés à l'église de St. Michiel,* donne, du consentement *d'Agnès* sa mère, de son frère *Teobald* et de *Frédéric de Bides,* à la dite église de St. Mihiel une rente annuelle de XV

livres, sous condition que l'église de Ste Marie à Bar en reçoive XI sols et celle de St. Mihiel XIII livres. *Sans date,* mais vers 1190.

> Parmi les témoins sont Balduinus de barro, Jofridus de vienna, Garnerus de S͞ĩbomont, Poncardus castellanus de S͞c͞ō M. et autres.

78. *Thiebaud* comte de *Bar* approuve l'acquisition des dîmes d'*Ansoncourt* de la part du couvent de St. *Benoît,* qu'il dit avoir été faite du vivant de son frère *Henri* et en présence de sa mère. S. d. mais d'environ 1190.

> Cette charte est du plus grand intérêt généalogique. On y trouve les noms de plusieurs nobles familles: Ancher chevalier de St. Mihiel et son petit-fils Ulric de Chenneuiot, Walner de Florcio, Hugues de Marseio, Pontius voué de Montion et autres.

79. Charte originale de l'année 1197, dans laquelle *Bertramnus,* Evêque de *Metz,* donne à *Nicolas* abbé et au couvent de St. *Mihiel* l'église paroissiale de Ste Marie à *Insming,* sous condition d'y mettre un vicaire et de le pourvoir d'un salaire suffisant pour en pouvoir subsister avec aisance.

> La conservation de cette charte est parfaite. Hauteur 16 p. sur 11 p. 8 l. de l.

80. Charte originale de 1198, „IV Kal. Februarii,“ par laquelle *Arnoulf,* abbé de *Lîle-en-Barrois,* et *Gemmo,* abbé de St. *Benoît,* terminent une dissension entre l'abbaye de Lîsle et celle de St. Mihiel au sujet du patronage de l'église de *Condé* (eccl. Condalens.) et de quelques revenus.

> Cette charte fort intéressante a 20 p. de h. sur 8 p. de l. La conservation en est parfaite.

81. S. (*Simon* III) duc de *Lorraine* donne (en 1200) à l'abbaye de St. Mihiel et à l'église de *hareruile* deux *quarterios* apud *roure,* pour *expier un forfait* qu'il avait autrefois commis contre l'église de hareuile. Bien conservé.

82. *Jean,* archevêque de *Trèves* confirme (en 1201) à l'abbaye de St. Mihiel la donation de l'église d'*Insming* de la part de *Bertrand* évêque de *Metz,* dans le diocèse duquel elle se trouvait, sous condition d'y établir un vicaire avec un revenu suffisant.

83. *Robert,* évêque de *Verdun,* accommode un différend entre *Robert,* abbé, et le couvent de St. *Mihiel* d'une part, et le noble homme *Henri de donna petra* d'autre part, au sujet du patronage des églises des *deux Koeurs* et de la chapelle de *Ham.* Actum ab incarn. dni 1209. Très-bien conservé.

> On a ajouté une autre charte de 1210, dans laquelle Henri de domnapetra reconnaît n'avoir aucun droit au patronage des dites églises.

84. *Girard,* Evêque de *Chalons,* et plusieurs autres personnes ecclésiastiques terminent un différend entre l'égise de *St. Mihiel* et celle de Ste *Glodesinde* à *Metz,* au sujet de plusieurs rentes, 1210, mense marcio. Charte intéressante et fort bien conservée.

85. Charte de 1211, dans laquelle J. archidiacre de *Toul* accomode un différend entre l'abbé de St. *Mihiel* et le prieur d'*Hareuille* d'une part

et le chevalier *P. de mereluile* d'autre part, au sujet de plusieurs droits.

86. *Thiebaud,* comte de *Bar* et de Luxembourg donne à l'abbaye de St. Mihiel ses deux fours à S. Mihiel, le moulin de *Morveau* et le passage „quod *salinaria* dicitur,“ et un revenu de soixante *sols,* du consentement de son fils *Henri.* Au mois de Fevrier 1213.

87. *Drogon,* abbé de St. Mihiel, et son couvent déclarent avoir donné de consentement commun certaines terres, prairies et forêts à *Buincort* à plusieurs hommes de ce village pour les posséder en propriété, sous condition d'en donner annuellement un demi - muid de froment, une même mesure d'Avoine et XII deniers, le jour de St. Remy. A. 1213, III Kl. May.

> On y a ajouté une autre charte du même abbé (1213, mense May) par laquelle il donne à certains Pierre et Thicelin et à leurs héritiers, sous de semblables conditions, une terre et une prairie à Rumont.

88. *Thiebaut* comte de Bar et de Luxemb. fait savoir que son fidèle *Hugues de Amella* a donné, du consentement de sa femme *Richoldis,* au couvent de St. Mihiel un moulin qu'il avait près du village de *Ruht.* 1213 Mense Augusti.

89. *Robert,* Evêque de *Verdun,* donne à l'abbaye de St. Mihiel les églises des *deux Koeurs* et la chapelle de *Ham,* quarto Idus Septembris, 1214. Très-bien conservé.

90. *Henri,* comte de *Bar,* atteste qu'*Arnoulf* chevalier de *Loupmont* (loemunt) a reçu en fief de l'abbaye de St. Mihiel le franc - alleu qu'elle avait au dit village. A. D. 1216, mense Januario.

> Parmi les témoins se trouvent: Hugues chevalier de Marzeio, Jaques de Cons, Philippe de Netoncourt et plusieurs autres gentilshommes. — On a ajouté une autre charte du même duc et de la même date, au sujet d'un moulin que Pierre de Bourmont, chevalier, a donné au prieuré de St. Thiebaud, et une copie authentiquée d'une autre charte du même duc, par laquelle il donne au dit prieuré „usuarium in nemore suo quod dicitur charmey“ (1216).

91. J. *(Jean)* Evêque de *Verdun* approuve la donation que son prédécesseur *Robert* (en 1214) a faite à l'abbaye de St. Mihiel de l'église de *Koeurs* avec ses appendices. A. 1219, XVI kl. Marcii.

92. *Deux chartes* de 1220, a) du comte *Henri* de *Bar,* par laquelle il avoue avoir donné en gage au couvent de *Gorze* la dîme de *Tireio* pour la somme de 600 livres arg. de Metz, b) du chevalier *Pierre de Bourmont* par laquelle il se constitue ôtage pour le comte de Bar au sujet de ce qui est stipulé dans la charte du comte.

93. Deux chartes du mois de Juin 1220, l'une du comte *Henri de Bar,* l'autre de l'abbé *Drogon* de *St. Mihiel,* par lesquelles ils font savoir que l'abbaye de St. Mihiel a cédé au dit comte une rente de cinq muids de blé, moitié froment, moitié mouture, à percevoir annuellement dans le moulin de *Lahaicourt.*

94. Charte originale de l'abbé *Drogon* de St. Mihiel par laquelle il donne à l'infirmerie tout le fruit des églises des *deux Koeurs,* consistant en dîmes et autres revenus. A. D. 1220, II Kal. Augusti.

95. *Henri* comte de *Bar* déclare avoir donné en gage à l'abbaye de St. Mihiel, ses moulins de Bar, et le péage de Bar et de St. Mihiel pour la somme de 600 livres, en sorte qu'elle retiendrait le dit gage jusqu'à ce que la dite somme soit restituée. A. D. 1220, mense Decembri.

96. *Jean,* Evêque de *Verdun,* fait savoir que Jean *de monte sci remigii,* du consentement de sa femme et de tous ses héritiers, a cédé à l'abbaye de St. *Benoît en Voivre* tout le franc-alleu de *Halwidis de Condeyo,* situé dans le territoire de St. Germain, de même tout le terrage de *Ham,* un champ au dessous du moulin de *Laheimeix,* et quelques autres droits. A. grat. 1221. —

    Parmi les témoins il y a N a n t e r chevalier d e D o m r e m y et R o b e r t de D o m m a r t i n.

97. *Henri,* seigneur de *Fisce,* du consentement de sa femme *Bietriz* et de ses héritiers, donne aux frères et aux pauvres du prieuré de *St. Thiebaud* le droit de coupe dans ses forêts, et le droit de pâturage. A. D. 1222.

98. M. *(Mathieu)* duc de *Lorraine* fait savoir que le chevalier *Hugues de bello Monte,* du consentement de ses héritiers, a vendu au prieur d'*Hareuille* une partie des dîmes de *Ponpierre,* de *Sartes,* de *Somerecourt* et de *Sentpaire* pour là somme de 80 livres. A. D. 1222 sec. fer. post asc. Dom.

99. *Baudoin,* seigneur de *Bello ramo* fait savoir que son oncle, le chevalier *Albert* de Bello ramo, a donné pour aumône à l'église de St. Mihiel une rente de trois muids de froment sur le moulin de *Salmagne.* A. D. 1223 „Mense Julio in Octabis beator. Petri et Pauli.“ Très-bien conservé.

100. Charte originale dans laquelle *Guillaume* chevalier de *Savonnière* et *Regine* sa fille font un accord avec l'abbé de St. Mihiel, que leur femme serve *Odilia,* et *Haton,* homme serf de l'abbé, *leur appartiendraient à perpétuité en commun d'après l'usage du pays.* 1224, quarta fer. post fest. omn. SS.

101. W. châtelain de *Montione* (Monçon) fait savoir qu'il a donné à l'église de St. Mihiel quarante sols à percevoir annuellement de son péage *(pedigium)* près de St. Mihiel, pour que, dans ce couvent, on fasse tous les jours une prière pour le bien de son âme et de celle de ses parens et de ses aïeux, et chaque année un anniversaire pour les mêmes. Dat. a. D. 1226, mense aprili.

102. *Gobert d'Apremont* ratifie une transaction entre l'abbé et le monastère de St. Mihiel d'une part, et le maître de la maison des lépreux d'autre part, au sujet de certaine prairie dite *Rohardi loscheria* au dessous de *Bolierht.* A. D. 1226, mense Maïo.

103. Charte originale du mois de Novembre 1227, dans laquelle le comte *Henri* de *Bar* et l'abbé *Drogon* et ses réligieux font une convention de bâtir à frais communs trois fours bannaux à *Hareville,* à Perières

et à Jainvilotte, de les entretenir à leurs dépens, et que chacun d'eux en percevrait à perpétuité la moitié des émoluments. — Très-bien cons.
V. l'histoire de St. Mihiel p. 131.

104. *Henri* comte de *Bar* fait savoir qu'il a donné a perpétuité à *Gaerno* de *Bar* et à ses héritiers en échange de *Sainte Huout* une rente annuelle de vingt-huit muids de blé, moitié froment, moitié avoine, à percevoir dans le moulin de *Lehicort.* A. D. 1228, mense februario.

105. Le même comte consent à la vente des menues dîmes des deux *Koeurs* et de *Ham*, faite, en faveur du monastère de St. Mihiel, par *Richer* chevalier de *Koeurs* qui les avait en fief de la part du comte. 1228, mense octobri. — On a ajouté une seconde charte de la même année, par laquelle le comte *Henri* consent de même à la vente des grosses dîmes des dits lieux, faite en faveur du dit monastère, par *Renaud* et *Henri* frères, chevaliers de *Boscho*. L'une et lautre sont bien conservées.

106. Le même comte *Henri* approuve que les chevaliers *Renaud* et *Henri* de *Bosco* affectent au monastère de St. Mihiel les terrages des deux *Koeurs* pour la somme de *six-vingt-dix* livres (sex viginti et decem libb.) A. D. 1228, mense Decembri:

107. *Henri* comte de *Bar* confirme la donation que *Warnere* de *Montion* (Monçon) a faite à l'abbaye de St. Mihiel d'une rente annuelle de 40 sols sur son péage à St. Mihiel. 1230, mense Januario. — b. Une seconde charte du même comte, datée du Janvier 1230, par laquelle il confirme la donation, que le curé *d'Hareville* a faite à l'église de St. Mihiel, de la moitié d'une vigne aux environs de *Bourmont.* L'une et l'autre sont bien conservées.

108. *Mathieu* duc de *Lorraine*, à la demande de *Jean* Evêque de *Metz*, aussure au prieur d'Hareville les moulins de *Perière* et de *Jainvilotte* avec leurs dépendances, confirme les biens de ce prieuré et ajoute que si, en temps de guerre, lui et ses successeurs y causeraient quelque dommage, ils seraient obligés de le reparer. Dat. a. 1230, mense februario.

109. Petite charte, par laquelle *Simon* seigneur de *Clermont* (clarimontis) confirme la donation qui a été faite en faveur de l'église de St. Mihiel d'une quatrième part du nouveau moulin de *Climchant.* A. d. 1231, mense Junio.

110. *Henri comte de Bar* donne à perpétuité au prieuré de *Bar* l'usage dans ses forêts entre *Faïs* et *Wavincourt*, entre *Chardogne* et *Bohon*. 1232, mense martis.
V. Histoire de St. Mihiel, p. 134.

111. *R.* Evêque de *Toul* donne au prieuré d'Hareville, qui possédait déjà deux tiers des dîmes d'Hareville et de Perieres, l'autre tiers, sous condition de pourvoir à la subsistance des vicaires des cette église. 1232 *in octabis b. Remigii.*
Très-belle charte, d'une conservation parfaite.

112. *Raous* Evêque de Verdun confirme un échange fait par „*Anchiers prestes de Troignon*" et l'abbaye de St. *Mihiel* d'une pièce de terre contre une autre, qui était plus convenablement située pour son église. En *Mil et dous cens et quarante trois ans, en mois de Junet.*

> Voilà la première charte en français qui soit dans ces archives. Elle est d'un grand intérêt par rapport à la langue, comme toutes les autres qui vont suivre.

113. *Hugues Malgarnisz* d'Apremont fait, avec l'abbé Drogon et son couvent, un échange de toutes ses possessions à *Voinville*, et d'un journal de terre près de *Loumont*, contre une autre pièce de terre, appartenant à l'abbaye de St. Mihiel, située dans le ban d'*Apremont* près de *Saintbarroche*, et quelques autres droits et revenus. 1234, mense maio.

114. *Henri* comte de *Bar* donne à perpétuité, pour le salut de son âme et de celles de ses ancêtres, en faveur de la pitance des religieux de St. Mihiel, la grosse et menue dîme qu'il avait eue à *Hannoncourt*. 1234, mense decembri.

115. Maître *St.*, official de Toul, accommode un différend entre *Agnès de Betignei* et ses fils et le chevalier *Guillaume* de *Vaucouleur* (Vallicolore) d'une part, et l'abbé et le couvent de St. *Mihiel* d'autre part, au sujet du cours d'eau d'un moulin à *Groroure* (Gros-Rouvre), en Fevrier 1235.

116. *Deux chartes* du comte *Henri* de *Bar*, datées du mois de Juin 1239, dans lesquelles il donne à perpétuité à l'abbaye de St. Mihiel, et à *l'église* de St. *Benoît* en Voivre la dîme de *Nouviant in hex*. Le sceau de la dernière y est encore presqu'entier.

117. Cinq chartes, datées de 1241, 1255, 1256, 1270 et 1317, ayant rapport à un fief et hommage au ban de *Warneuille*, que la famille des seigneurs de *Numsart* tenait de l'abbaye de St. Mihiel. Une copie des deux premières est ajoutée (Fr.).

118. *Thiebaus Cuens de Bar* fait savoir que *Warniers* chastelains de *Moncons* a donné, de son consentement et du consentement des enfans de Warniers, au couvent de St. Mihiel pour la pitance, quarante sous a percevoir annuellement du passage du pont de St. Mihiel. Au mois d'avril en 1248. (Fr.)

119. *Charte originale, de Jofroiz sires de Nonsart*, au sujet d'un quart des dîmes à *Xivray*, datée de 1249. (Fr.)

> Cette charte bien conservée est d'autant plus remarquable que la langue diffère infiniment de celle des autres chartes de ce tems.

120. Le comte *Henri* de *Bar*, pour expier ceque lui et ses ancêtres avaient commis contre l'église de St. Mihiel, donne à perpétuité, du consentement de sa mère *Agnès*, de son frère *Thiebaud* et de *Frédéric* de *Bites*, au monastère de St. Mihiel une rente annuelle de quinze livres. Sans date, mais vers 1250.

121. Titre d'accompagnement de *Thiebaud* comte de *Bar* à la moitié des droits de Tonlieu de St. Mihiel etc., au mois de Septembre 1251. (Fr.)

> Voilà l'original bien conservé de cette charte importante qui a été reproduite dans l'histoire de St. Mihiel p. 481 d'après une copie de 1714.

122. „*Gobers sires daspremont* fait connaissant que sires *Balduins Wile-quans* de *Deloart* mes feiables" a donné au couvent de S. Benoît en Voivre tout cequ'il avait en la dîme d'*Ansauile* qu'il tenait de lui „ens fiei et en homage" 1255 au mois de décembre. (Fr.)

123. Charte originale par laquelle „*iehenas* et *simounas* et *phelepins* li anfant raul delatour" ont vendu à „Jacoumat lou bargier citein de ver-dun latour et lamaizon et lagreinge..... en la grant rue" etc. 1255 au mois de Fevrier. (Fr.)

> Cette charte fort bien écrite et conservée est fort remarquable par rapport à la langue.

124. *Gilles* Eveque de *Toul* et *Thiebaud* comte de Bar arrangent „les batans et les descordes" entre le prieur et le curé de Bar, d'une part, et le maître et les frères de la Maison dieu du même lieu, d'autre part. 1255 au mois de Jul. (Fr.)

> Cette charte originale est du plus grand intérêt.

125. Charte d'accompagnement de *Thiebaud* comte de *Bar* à la moitié des droits au ban de *Leheimeix* et au ban de *Saint germain* etc., au mois de Janvier 1256. (Fr.)

> Tout aussi importante que celle de 1251, Nro. 121.

126. Charte dans laquelle le comte *Thiebaud* donne à Jehannot son gar-çon de chambre une „*remenence*" à *Lifou* tout entièrement, en maison, en prés et en terres et en toutes autres choses. Au mois de Fevrier, 1256. (Fr.)

127. Charte par laquelle l'abbé *Wautiers* de St. Mihiel et sa communauté déclarent, que les bouchers (Li masceclier) de la ville de St. M. ont donné en aumône à l'hôpital toutes les langues des boeufs et des vaches qu'ils tueront. Au mois de Mai, 1256. (Fr.)

> Original dont Dom de L'Ise n'a connu qu'une copie dans un cartulaire. Cette charte est de toute beauté. On y a ajouté deux autres chartes sur vélin de 1617 et 1624 et quelques autres papiers y relatifs. V. histoire de St. M. p. 146.

128. *Thiebaud*, comte de *Bar*, donne à ses bons amis l'abbé et le couvent de St. M. le don de sa chapelle de son „chastel de Saint Mihier a doner a touriours a home dou siecle. En teil Maniere quil ne la puecnt Retenir a Aus." Au mois de Mars, 1257. (Fr.)

> On y a joint la copie d'une autre charte y relative, de 1211.

129. Charte originale sur une rente annuelle d'un demi muid de blé, moitié froment moitié mouture, que l'abbé et le couvent de St. M. sont tenus à donner à Jehennet et à Colete („qui furent anfant Bouet") du moulin „au truies" à St. Mihiel. Au mois de Mars 1257. (Fr.)

> Intéressante par rapport à la langue.

130. Deux chartes originales du mois „doctembre" 1259, concernant une donation de tout cequc le chevalier *Alexandre* de *Linay* avait eu en menues dîmes à *Vilette* devant *Belrain*. (Fr.)

> V. histoire de St. M. p. 148.

131. *Thiebaud*, Comte de *Bar*, donne à l'abbaye et au couvent de S. Be-noît en Voivre une rente annuelle de sept sols qu'il avait au ban de

Louze et au ban de *Wauecort,* deux fauchées de prés et autres droits, en échange d'autres biens que ce couvent avait possédés à *Raimbercort.* Au mois d'Avril en Mil et dous Cens et sexante. (Fr.)

132. „Aubertins, poincius, bauduynus, Jehans, Cunegons et ysabelz," enfants de feu *Richard* de *Bosonvile,* vendent au couvent de St. Benoît leur maison „de Bosonvile, et le parge et la grange" et autres biens. Au mois de Mars, 1261. (Fr.)

133. *Thiebaud* comte de B. déclare avoir fait, par l'octroi de l'abbé et du couvent de St. M., un astang (étang) et un moulin entre Voinville et Monçon, et que pour cela il leur accorde une rente annuelle de deux muids de mouture, sous condition de ne vouloir ni vendre ce moulin, ni le donner en fief ou aumône à aucun autre qu'à l'abbaye de St. M. Au mois d'Août 1263. (Fr.)

134. *Guillaume,* Evêque de *Metz,* confirme la composition des différends entre l'*abbaye* de St. *Benoît* et *Simon* le fils de seigneur *Robert* de *Watonuille,* au sujet des bois de *Bosonuille,* faite par *Robert* sires *Daisse* et de *Conflans.* Au mois de Fevrier en 1266. (Fr.)

135. *Robert,* Evêque de *Verdun,* termine les différends entre *Thiebaud* abbé de Lestanches et le couvent du même lieu, d'une part, et *Guillaume* de *Giebertcort,* d'autre part, au sujet de l'usage des bois d'Etanches, 1267, au mois de Mai, (Fr.)

> Document curieux, non seulement à cause du sujet, mais aussi par rapport à la langue. L'écriture en est belle et la conservation parfaite.

136. *Anchier* de St. M., clers, fait savoir qu'il a donné, octroyé et acquitté à toujours sans rappel à l'abbaye de St. M. six muids de blé, moitié froment, moitié avoine, et une rente de dix sols des dîmes de *Lenoncourt.* 1269, en Fevrier. (Fr.)

137. *Thiebaud,* comte de Bar, fait savoir „que asselins de bouconuille" a reconnu devant lui avoir vendu à l'abbaye de St. M. toute sa propriété à *Domremy* et à *la Croix,* pour quatre cens livres de tournois. Le samedi après la fête St. Jehan bapt., en 1269. (Fr.)

138. Le chevalier *Martin,* commandeur des maisons de la chevalerie *des templiers* en Lorraine, fait savoir que, par le conseil de frère *Bauduyn* commandeur de *Marboites,* de *Richardt* commandeur de *Doncort* et de ses autres frères, il a donné au couvent de St. Benoît en Voivre tout leur héritage qu'ils avaient eu et pourraient avoir à *Villeces.* Au mois de Septembre, en 1269. (Fr.)

139. Thiebaud comte de Bar déclare devoir à plusieurs personnes, nommées dans la charte, septs muids de mouture à comble, (dont dix septiers appartiennent à l'infirmerie de St. Mihiel,) à prendre annuellement sur son moulin de Monçon, en échange de celui de Koeur. 1263 en mois de Junet. (Fr.)

140. Nicolas prêtre d'Onuille donne en aumône au couvent de St. Benoît en Voivre la partie qu'il possédait de la forêt de *Hodribouchels* et de celle de *Murlus,* avec approbation de la cour épiscopale de Metz. 1264 feria sexta post epiph. Dni. —

141. Charte originale par laquelle le comte Thiebaud de Bar accorde au
dit couvent, pour l'indemniser du dommage qu'il lui avait fait, plusieurs droits. 1270 le lundi apres la mi aaost. (Fr.)
> Aussi intéressante pour la topographie que par rapport à la langue.

142. Le même comte compose la „descorde et batans“ entre l'abbaye
de St. Mihiel et tout le commun de Condé en Barrois, au sujet du
four banal de Condé. 1270, en mois doctobre. (Fr.)
> Document fort curieux par rapport aux noms des différentes sortes de pain etc.

143. Wautier, abbé de St. Mihiel, et Jean, curé du même lieu, attestent
que Warines et sa femme Jacommete, fille de Poulain Lalemant, ont
vendu à l'abbaye de St. M. une rente de cinq sols. 1274 en mois
de Septembre. (Fr.)

144 *Thiebaud*, doyen de l'église de St. *Maxe de Bar*, fait savoir que
Pierre abbé de St. Mihiel à échangé à perpétuité à l'église de St.
Maxe de Bar sept „setieres“ de blé, moitié froment, moitié avoine,
un bichet de froment et vingt deniers tournois contre d'autres biens
de la même valeur. 1267 en mois de Mars. (Fr.)

145. Olris de Vilers donne en aumône à perpétuité au couvent de St.
Benoît en Voivre tout cequ'il tenait de la terre *saint pierre*. 1276
en moix de Decembre. (Fr.)

146. Contrat original par lequel l'abbé Pierre avec le couvent de St. Mihiel et le comte Thiebaud de Bar font un échange de biens. 1279
le juedi devant les brandons. (Fr.)
> De beaucoup d'importance pour la topographie. On y a ajouté une copie
> et une notice détaillée du contenu de la charte.

147. Perrins dit Kikemeire de Bouchemont donne à perpétuité le pré
qu'il avait entre „la voie que muet de til et vat a la croix sus muese
et lou prei des signours de saint Benoit desous *pieremont condit on
pruns*“ au dit couvent de S. Benoit en échange d'une fauchée de pré
„*on bant de winbée.*“ 1280 on mois d'aoust. (Fr.)

148. L'abbé Pierre et le couvent de St. Mihiel, pour se défaire de leurs
dettes, vendent au prieur de *Maresco*, pour temps de vie seulement,
les fruits, rentes, revenus, maisons, possessions et appartenances du
prieuré d'Amance (Insming), pour la somme de deux cents livres.
1282, fer. M. post dominicam qua cantatur Invocavit me.
> Charte originale du plus grand intérèt, inconnue, à ce qu'il paraît, jusqu'ici.

149. „Bouchars par lai graice de dieu Esleus (élu) de Mes“ fait savoir
que, de son consentement, Watiers chevalier d'Apremont, fils du seigneur Bertremin, a vendu, pour tenir a perpétuité, au couvent de S.
Benoît le huitième de la dîme de Xivrey et de Jarrie desaus Apremont, en gros et en menu. 1283 lou jor de feste S. Jehan. (Fr.)
> On y a ajouté une charte de Thiebaud, comte de Bar, de 1284, sur le fief
> et hommage à Banoncourt (Fr.)

150. Nicolas „doiens de la cristiainteit de Hadonchastel“ fait savoir que
Jean d'Apremont, écuier, et Contesce sa femme, ont vendu devant

3

lui en justice, et vendent à perpétuité, à l'abbé et au couvent de S. Mihiel „une maignie quil ont en la ville de Loumont qui est dou fiez le desour dit abbei et conuent, cest a savoir Heiluy la fame Warin lou peleteir qui fut, Buenelat Donmenges, Jehant, Ysabel et Ermeniart, freires enfans et hoirs la ditte Heiluy et tous les hoirs qui daus ysteront et porront issir," pour douze livres de petits tournois. 1288, en mois de Jul. (Fr.)

> Document fort curieux.

151. Thiebaud comte de Bar atteste que *hues de Bar*, fils de Jean de la Porte, reconnaît qu'au moyen des conventions faites avec *Jean* abbé de *Gorze* et son couvent, au sujet de Brassettes et de ses dépendances dont le dit hues et son fils doivent jouir leur vie durant, engagés pour 700 livres de fors et 12 livres de cens annuels, qu'il devoit recevoir sur Dampmartin et Dampierre, il les quitte et décharge de tous les arrérages des dits cens, et que tout sera, après leur mort, reversible au prieuré d'Apremont etc. 1288 en Novembre. (Fr.)

152. *Ferris* dus de *Lorregne* et marchis fait savoir que le chevalier *Andreus* de *Byancort* et dame *Jehenne* sa feme sont accordés au prieur „de la prierei desouz Amance dou descort quil auoient entre eaz" au sujet d'un moulin. 1289 en mois de Julet. (Fr.)

> Charte fort intéressante.

153. Deux chartes, l'une de 1290 sur une rente annuelle de cinq sols en faveur du couvent de S. Mihiel, l'autre de 1291, contenant un compromis entre l'abbé de *Lestanche*, d'une part, et *Jarreis* de *Longeuille*, d'autre part, au sujet d'un héritage gisant a *Rambleuesin* (Rambluzin). (Fr.)

> Parmi les témoins il y a „Signor Jehan de aproaide, S. Nicholle de Nueville, S. Nichole Laplainie et Symoun Dauvillers."

154. Trois chartes originales dont deux de 1291, la troisième de 1299, concernant la chapelle d'Evancourt.

155. *Jehans*, fiz Mainnet, bourgeois de Bar, vend „a Jaquemet comdit Ferrant le cinquième de huit muids de blé au dîme de Naives" pour la somme de dix-huit livres de bons tournois. 1292 au mois de feurier. (Fr.)

> Document curieux, surtout par rapport à la langue.

156. Thomas, princier de Verdun, fait savoir que l'abbé et le couvent de St. Mihiel lui ont donné à tenir, sa vie durant, leurs deux étangs sous Trognon et la moitié qu'ils avaient en l'étang près de Nonsart. 1292 en mois de may. (Fr.)

> V. l'histoire de St. Mihiel, p. 157. La date est du mois de Mai, et non pas de celui de Mars.

157. Jaques *prieur* de l'abbaye de St. Mihiel fait connaître que Willermes dit Naquar a vendu à Ogier le drapier une rente de quinze sols. 1294 „lou mardi deuant feiste saint remy." (Fr.)

> L'on voit par cette charte que l'abbé Pierre II n'était plus en vie à cette époque, parce que le prieur a passé cet acte. La date de sa mort n'est, jusqu'ici, pas encore constatée d'une manière tout à fait certaine, ce qui ajoute à l'importance de ce document. V. l'histoire de St. M. p. 158.

158. Autre charte du même prieur, par laquelle il certifie que Mathies de St. Mihiel, Buecchette Yzabeils Rondette, enfans du feu seigneur Aubri, et autres personnes ont vendu à Perrenele, fille de feu Jennet de Compiegne et à ses héritiers deux „estaulz ouuerts qui sient ou marchie dedans le borc à S. Mihiel," pour deux livres de petits tournois. 1294 en mois de Decembre. (Fr.)

159. *Willaumes* abbé de S. Mihiel fait savoir que Richardin, fils de Perrin de Marsoupe, a vendu à Dommenges, bourgeois de S. M., un cens annuel de cinq sols de petits tournois sur la moitié de sa maison et autres biens. 1295 en mois de Janvier. (Fr.)

> Cette charte, importante en elle même, et les deux qui précèdent, fixent d'une manière assez certaine la mort de Pierre II et l'élection de son successeur Willaume.

160. Charte originale par laquelle le magistrat de St. Mihiel reconnaît que Ancherins, fils Pointignon de Refroicours, a vendu à Doumengin, fil la Bone de Gaeninuille, et à ses héritiers, deux parts de tout cequ'il avait en gros dîme de Courcelles de lensempigney, et deux autres parts de cequ'il avait à Refroicour, à Hommeces, à Marzey et en toute la rivière, pour la somme de douze livres et dix sols. 1298 en moix de Januier. (Fr.)

161. Brochairs curé de Herbueuille reconnaît avoir restitué à l'abbé et au couvent de S. Benoît en Voivre la rente anuelle d'un franchart de froment à comble qu'il avait reçue dès longtemps. 1299 au mois de Julet. (Fr.)

> Parmi les témoins il y a: Orris de Chanblons, chevalier, et son frère Jaquemet et autres chevaliers.

162. „*Warris* priors dou priorey de saint thiebaut de leis saint mihiel" fait savoir „que Jaimnins.. Colignons.. Jennette.. et Poincette enfent Conteson ditte La franche" ont vendu à perpétuité en héritage à Lorencin dit Bruleuille, bourgeois de S. Mihiel, et à ses héritiers, six soulz de cens de bons petits tournois. 1299 en mois doctembre. (Fr.)

> De beaucoup d'intérêt par rapport à la langue.

163. Traité d'accompagnement des foires et des marchés au comté de Bar à S. Mihiel et à Condé, fait avec l'abbé et le couvent de S. M. par Henri comte de Bar. 1300 en mois d'Aoust. (Fr.)

> Très-belle charte originale et de grand intérêt.

164. Le même comte déclare que, si son frère Thiebaus voudrait faire des innovations au traité d'accompagnement, il serait obligé à les défaire. 1300 en mois de Novembre. (Fr.)

165. „Jehan dis petis et Vions ses freires enfent Raulin dit de Keuze" vendent à Jean de St. Mihiel, curé de Tilley sur Meuse plusieurs biens et rentes au ban de Mescring. 1301 en mois d'Aoust. (Fr.)

> Charte importante pour la topographie.

166. „Jacoumins li massecliers (boucher) bouriois de S. Mihiel filz Jaquet le massecliers" reconnaît avoir pris et tenir en héritage à lui et à ses héritiers du prieur et du couvent de l'abbaye de S. M. „un

estaul que il auaient as mazeis en bourc a S. M.," pour un cens annuel de quinze sols. 1301 en Mois de Octember. (Fr.)

167. „Jehans dis Mathias li corinziers bouriois de S. Mihiel" a échangé, quitté et octroyé au Prieur et au couvent de S. M. quinze sols de cens annuel sur deux maisons. 1302 en moys de feuryer. (Fr.)

Endommagée sans que le texte en ait beaucoup souffert.

168. „Jarreys priours de labbaie de saintmihiel et Nicolas, curey de saintmihiel et doyens," font savoir que „Jammins diz li pages de saintmihiel" a pris et tient en héritage, lui et ses héritiers, de Danc Joffroi, moine et pissenier de la dite abbaye, et du prieur et prieuré de Saint Thiebaut, une place avec appendices dans la rue de la halle, pour un cens annuel de onze sols. 1303 en mois de Mars le mescredi apres meiquarame (mi-carème). (Fr.)

Grande charte bien conservée, dans la quelle la première fois un religieux est appelé Dom. V. Histoire de S. M. p. 159. On y a ajouté une autre charte de la même année sur un cens annuel de cinq sols.

169. Jugement original par lequel le gagnage de Ramblusin est adjugé à l'abbaye de Lestanche contre Jarrei de Longdeile. 1304. (Fr.)

170. „Nicoles cureis de leglise parochiale de S. Mihiel, doien de la crestientey dou dit leu," confirme la donation faite à l'abbaye de St. Mihiel par Varrin de Loupmont, son frère, de tout cequ'il possédait à Loupmont. 1305, en mois de decembre. (Fr.)

On a ajouté une copie authentiquée en 1776.

171. „Jehans de Bar sires de puisoie et mainbours de la contei de Bar" fait savoir que „Jéan dis don chateleir escuiers filz mon signor ferri dou chateleir chevaliers" a vendu à Husson de Gibercourt et à damoiselle Nicolle sa femme, pour posséder à perpétuité, eux et leurs héritiers, le quart de toute la rivière et de toute la pècherie de Marzei pour la somme de deux cents livres. 1310 en mois de May. (Fr.)

172. Edowars cuens de Bar (Edouard I) fait un traité d'accompagnement avec l'abbé Pierre et tou: le couvent de St. Mihiel, 1311 en mois davril. (Fr.)

Cette grande charte originale, à laquelle on a joint une copie authentiquée en 1668, est de la plus grande importance.

173. Dorinz jadiz maires de Banoncourt et Bourdette sa femme ont vendu et vendent à Robert abbé et au couvent de S. Mihiel et à leurs successeurs „lor maison ensemble ses appendises le Meix et le jardin derrier la dicte maison a Banoncourt" et plusieurs autres biens et rentes. 1312, en mois de Novembre. (Fr.)

Très-belle et grande charte originale de beaucoup d'importance, tant pour l'histoire que par rapport à la langue de l'époque.

174. Thiebaudins dis li Baguas de Pichonmeix reconnaît qu'il a pris et tient en héritage, à lui et à ses hoirs (héritiers), de Husson dit le Nain de Pichonmeix et de Jacommette sa femme, une maison le meix avec appendices etc. pour la somme de quatre sols de cens annuel. 1315 en septembre. (Fr.)

175. Charte originale au sujet d'un cens annuel de trois petites mailles tournoises sur une maison dans la rue de la halle, et de plus d'un cens de quatre livres sur une autre maison. 1316, en moix de feurier.

> Le titre de Dom se retrouve dans cette charte. On y a ajouté deux autres chartes originales de 1316 sur une rente de trois sols, et une autre de cinq sols de petits tournois.

176. Transaction entre Jaques curé „de la chauciee," d'une part, et l'abbé et le couvent de S. Benoît en Voivre, d'autre part, au sujet de „deux parts de tout le deime des vins des uignes qui sieent entre le ru de ron et le petit estampt de leis la uille de la chauciee juques a la fontaine a fouchei." 1317 en awat. (Fr.)

> Intéressante pour la topographie.

177. Traité d'accompagnement entre Edouard comte de Bar et Pierre abbé de S. Mihiel et son couvent. 1318 en moix de Septembre. (Fr.)

> Très-belle et grande charte, aussi intéressante que celle de 1311 (N. 172) et les autres traités d'accompagnement.

178. Robers, abbé de S. Mihiel, vend à Colignon de Keure, prévôt de S. M., à la vie de Richier dit Soutain, son fils, et Jacomete, sa femme, „le gros deime et menu" de Leuoncourt. 1319 le juedi deuant paskes. (Er.)

> Une copie y est jointe.

179. „Gobers sires *Dapremont* donne pour deu en aumoisne par pure deuotion au doyen et au chapitre de lesglise Saint Nicholay Dapremont pour raison de douelise et de fundation de la dicte esglise et appartinences la maison de malentin et tout le pourprix La uigne deseur la dicte maison, Le molin de seur la dicte maison, la moitie dou molin de Boullier, La maison en lamontaingne cun dit laborde Ratior auec les preis et terres" et plusieurs autres biens. 1319 le samedi vigile de Saint Jude et Saint Symon Apostres. (Fr.)

> De grande importance pour la topographie des environs d'Apremont.

180. Edouard comte de Bar renonce, pour lui et ses héritiers, à certaine redevance sur le maire de St. Mihiel qui était tenu de lui faire avoir ses dépens par quarante jours, le temps de sa mairie durant. 1321, am moix de May. (Fr.)

> Charte originale fort intéressante.

181. Henri Evêque de Verdun assoupit une discorde entre l'abbé de S. Benoît en Voivre et son couvent, d'une part, et Milet de Herbueuille et ses frères, d'autre part, au sujet de la tierce partie des dîmes grosses et menues en la maison de Monuille et en terres de la dite maison. 1322, lou samedi deuant les palmes. (Fr.)

182. Charte originale de 1324 le lundi apres feste Saint Thiebaut, par laquelle *Robins* dit *Abillette* vend à *Bertrand* dit *Bochet* de S. Mihiel, le drappier, et à ses héritiers „vingt sols de cens annuel sur une grange le meix derrier." (Fr.)

> On a ajouté une autre charte originale de la même année au sujet d'un cens annuel de cinq sols. L'une et l'autre sont bien conservées.

183. Doumenges dis li lonnes reconnaît devoir à Thiebaudin, à Jean et Jennette et Jacommins, enfans de Jacomin Cunin et leurs héritiers cinq sols de petits tournois sur sa maison le meix derrier et les appendices. 1325 le diemenge... dou mei Karemme. (Fr.)

184. *Bauduins sires de la tour* en Woivre *chevaliers* donne, pour le salut de son âme, aux frères de S. Benoît en Woivre tout cequ'il avait, pouvait et devait avoir de maisons, de granges, de prés, de terres et de toutes autres choses „de la cheute qui lui eschaut depar *Bourdeire* de *Berney* son *home*, en la ville, en la fin et ou ban de Dainuitoul et ens Apertinences.“ 1325 le seixime jour en decembre.

Très-belle charte de grand intérêt.

185. Ancherins de Loufmont, fils Poiresson, et Marianne sa femme, vendent à perpétuité à signour Jehan Daliers prêtre curé de S. Mihiel plusieurs biens au ban de Marzey, 1326 le lundi deuant la Saint Vincent. (Fr.)

186. Bertrans dit Fillerous de S. Mihiel et Marguerite sa femme vendent à Bertrand dit Bochet le drappier et à ses héritiers une rente annuelle de cent sols sur leur maison, leur grange, leur jardins et autres biens. 1326 le venredi apres la feste de lapparition. (Fr.)

Tous les cens et rentes achetés par Bochet le drapier dont on fait mention dans ce catalogue, ont été transférés par lui à la chapelle St. Jean.

187. „Mascelins dis Perrenes, Maires dou pont a Mousons, Renaus dis Peillardeilz, Jacomins di li Loups, bourgeoix dou dict pont, echauin, et Jacques dis Descey, prestres Cures de leccleise Sct Jean dou dict pont, wardour dou seeil de la preuostei de mousons et de la franchise“ font savoir que Dowas moiteriers dou priorei de mousons et Marguerons sa femme reconnaissent devoir à Anchier de S. Mihiel, prieur de Marey, vingt livres tournois. 1326 en moix de nouembre.

Le sceau, dans une capsule de ferblanc, est bien conservé.

188. „Jacomins dis petits dars *(d'Arches)* sus mozelle“ donne pour le salut de son arme (âme) au couvent de St. Benoist en Voivre „les vint messains de cens en fors douules qu'on lui devait chacun an.“ 1327 ou mois doctembre. (Fr.)

189. Colins dit Moiars et Colette sa femme vendent à Bertrant Bochet le drappier de S. Mihiel et à ses héritiers quinze sols de petits tournois de cens annuel sur une grange et sur le meix joignant à la dite grange. 1328 le jueudi deuant les bures. (Fr.)

190. Joffroys sires daspremont confirme la donation de dîmes faite par Herbins de Mousol en faveur de l'église de S. Nicolay d'Apremont en accroissance d'une prouende. 1329 en moix de decembre. (Fr.)

191. Thomassin de S. Mihiel, filz girardet, demeurant à la chaulcie, et Marguerite sa femme, vendent à Thomassin Thiebaut de S. M. „la quarte partie des arages que on dit le conte et le temple scians en ban de mesorignes, la douzaime partie de la moitie du gros deme de mescrignes, de pont et de brasceites“ et autres biens et rentes. 1330 le mardi apres feste saint martin dyuer. (Fr.)

192. Bertrant Bochet, drapier, achète une rente de sept sols de petits
tournois sur la moitié d'une maison dans la rue „sus Mueuse." 1331
ou moix dauril. (Fr.)
> On a ajouté une autre charte originale de 1331, dans laquelle le dit Ber-
> trant achète une autre rente de quinze sols. L'une et l'autre sont assez inté-
> ressantes pour l'histoire de la ville de S. M.

193. Jehans de Condey preuos de S. M. fait connaître que Jehans de
Bar, demorant a Chonuille „a vendu à Jehan dit blanc poix vingt-six
sestieres et le tiers dun sestier moitie froment moitie avoine pour la
somme de vint et dous liures de tournoix. 1331 lou samedi deuant
la feste de la purif. nre dame. (Fr.)

194. Accord entre Anchier, abbé de S. Mihiel, et le curé de Salmagne,
fait par Fouques abbé de *St. Leon* près des murs de *Toul*, sur une
rente annuelle d'un muid moitié froment, moitié avoine. 1332 le juedi
apr. l. feste de lascension de n. S. J. C. (Fr.)
> Fort intéressant par rapport à la langue.

195. Ancheres dit Bouques bourgois de S. M., vend à Bertrant Bochet
le drappier une rente annuelle de quarante sols de petits tornoix sur
une maison en la halle de Saint Mihiel. 1332, mei auoust. (Fr.)
> La maison en question faisait le coin de la place de la halle entre la rue
> Notre Dame et la petite rue.

196. Henri Evêque de Verdun et Ancher abbé de S. Mihiel s'accordent
sur le droit de présentation et du patronage de l'église paroissiale de
Banoncort. 1333, mense Jenuarii.
> Les deux sceaux sont assez bien conservés.

197. Regnaulz doyens en langelise Saint nicholaye daspermont, Nicholes
chanoines en la dicte englise, et Nins dis li Flamans, gardour dou
seiel dou tabellion daspremont, font savoir que Ydette feme Aubert de
Loumont a vendu à perpétuité à l'église S. Nichol daspremont tous
ses droits au bois quon di Nachart et au bois le sire forke dit Guig-
non. 1333 en moix de Juignet. (Fr.)

198. Lorens prestres et chanoines de Sain *Lon* pres des murs de *Toul*
et cures de lecclese parrochaul de Salemenne, reconnaît avoir acheté,
à vie durant, et pour le temps qu'il y serait curé, de l'abbé et du
couvent de S. Mihiel une partie de la menue dîme de Salmagne. 1333
le mecredi apres la feste saint Andreu apostle. (Fr.)

198b. Lettre de *fondation* dune *chappellenie* que Bertrand dit Bochet a
fondée en corps de l'abbaye de S. Mihiel en lonour de Saint Jean
baptiste. 1334 le juedi deuant la feste S. Luc ewangeliste.
> Charte fort importante où sont spécifiés tous les émolumens et rentes de
> cette fondation.

199. Raulz prestes cureiz Dussey vend à perpétuité en héritage à Jehan
curé de S. Mihiel et à Nychole Warnet preste un cens annuel de cinq
sols de petits tournois pour la somme de quatre livres dix sols. 1334
le sabmedy apres la feste de Saint Thiebault. (Fr.)

200. Colcteis de S. Mihiel filz Garry vend à perpétuité en héritage à
Henriet dit Aumuse drappier et bourgeois de S. M. cinq sols de cens

annuel sur une maison et toutes les appendices en la rue de montier.
1336 le mardy apres les octaues de laparicion nostre signour.

· Charte intéressante pour la coutume de S. Mihiel.

201. Climencette dicte la pougizette fille Vysson de S. M. et Gonthieres
ses filz vendent à tenir toursjours maix en héritage à Danc (Dom)
Nicolle de Mares moinne et pissonier de labbaye de S. Mihiel une
rente de sept sols sur une maison et toutes ses appendices. 1337 le
dimenge lendemain de feste saint sainctin. (Fr.)

202. Traité d'accompagnement entre Henri comte de Bar et l'abbaye de
S. Mihiel 1337 en moix de decembre. (Fr.)

Grande charte originale de la plus haute importance.

203. Charte originale de Henri comte de Bar qui prouve que l'abbé de
S. Mihiel et ses successeurs doivent nommer, alternativement avec le
comte et ses successeurs, à la chapelle de St. Jaques et de St. Chri-
stophe, fondée en *l'église de notre Dame de Bar.* 1340 le Mecredy
apreiz la saint Vincent. (Fr.)

204. Colignons demorans à S. M. filz Richardon la quennaude de Gueniuille vend à perpétuité a Bertrant dit Bochet un cens annuel de
quarante sols de petits tournois sur une maison en la rue de la halle.
1341 le mardi seix jours en moix de Nouembre. (Fr.)

On y a ajouté une seconde charte de la même année, constatant la vente
d'une maison à St. Thiebault.

205. Simonins diz li heraulz de vaulz demorens à S. M. reconnaît devoir à Bertrant dit Bochet un cens annuel de vingt sols sur une maison en la halle. 1342, vint et dous jours en moix de Junet. (Fr.)

206. Henri comte de Bar reconnaît avoir vendu à Willermet son preuost
de la chaulciee et à Marie sa femme, à tenir à perpétuité en héritage,
„la maison dou Seyant et de la francheuille deuant la · chaulciee et
toutes ses appartenances de la dicte francheuille et dou Seyant, en
uignes et preis en yardins en terres arables, en pasturages etc.“
1342 an moix de Januier. (Er.)

Une copie authentiquée est ajoutée.

207. Soutanis filz dommengin la bonne de Gueniuille, Jennette et Mariette suers au dit Soutan, et Gilles maris à la dite Jenette approuvent une donation de Colette lor meire fille Collignon de Keure bailli
de S. M. faite à la chapelle et ad chapellains qui la tenront, *que li
dis Colignons baillis ait fondeie en labbaye de S. M.* 1344 le 23 jour
dou moix de Junet.

Belle charte originale de beaucoup d'intérêt pour la ville de St. M. et ses
environs.

208. „Andreus de Leuigneuille reconnait devoir a laumone de labbaye
de S. M. un sestier de bon fromment de rente en perpetuitey sor une
piece de prey seent ou ban de Rouuroi en leu condit en lille et en
cung de leiz la ronde faulcie de prey Huguet de Rouuroi.“ 1344 le
14 jour dou moix de Julet. (Fr.)

209. *Yolens* de *Flandres* contesse de Bar et dame de Cassel, *mainbour* et *gouerneresse* de la contei de Bar, promet de tenir le traité d'accompagnement fait par feu son mari. 1344 le 8 jour de faurier. (Fr.)

> Cette charte est signée par „Guill. de Metha pour madame la contesse et pour tout son consoil." D'après Calmet Henri IV, mari de Jolante, mourut à Paris la veille de noël 1344.

210. Deux chartes originales de 1345, au sujet d'une rente annuelle de six sols sur un pré au ban de Marsouppe, et une autre de dix-huit deniers sur une maison en la rue de S. Thiebault. (Fr.)

211. Jehan *Renauls* maires dou *pont a mousson* et les echeuins dou leu font savoir que Manges de Hameyuille ad maigins, filz Maheul, reconnaît tenir en héritage de signour Willaume de Gibeilcourt priour dou priorei de moussons et ses successeurs un journail de terre au ban des maigins, contre un sextier de wain et un sextier de tremoix. 1345 lou diemenge apres feste St. Jehan baptiste. (Fr.)

> Le sceau de Pont-à-Mousson est bien conservé.

212. Jehans dis Colins de S. M. li frappier déclare tenir à cens annuel pour lui et pour ses hoirs de Bertrant Bochet drapier un estaul scent à S. M. en la halle en la rue des drappiers, pour douze deniers tourn. 1347, 23 jours en moix de Mars. (Fr.)

> On a ajouté une autre charte, concernant une rente semblable de trois sols sur un estaul en la halle en la rue des merciers, à payer annuellement au même Bochet, et une troisième sur une rente de deux sols.

213. Bertrand Bochet vend à *Richier* de Leheicourt, a tenir à perpétuité „en heritage a lui et a ses hoirs" une rente annuelle de vingt et cinq livres, sur plusieurs maisons à S. Mihiel, pour 400 *florins ales-cut de bon or* et de bon poix. 1348 seix jours en moix de Junet. (Fr.)

> On y a jóint une autre charte de la même année qui a rapport à celle-ci. L'une et l'autre sont fort intéressantes pour l'histoire de la ville de S. M.

214. Deux chartes originales de 1348 au sujet d'une rente annuelle de quinze deniers et une autre de dix-huit deniers. (Fr.)

> L'une de ces chartes est d'autant plus intéressante qu'on y voit que chaque metier avait une rangée à part sous la halle.

215. Ancherins dis patins maires dou pont a moussons, les autres echeuins et le wardour du sceil de la franchise font savoir que Pieressons dis *Rouge Mamiche* bourgoix dou ban de mousson et loreite sa feme donnent au priourei de moussons trois quarterons de terre en une piece seant en grant champ en ban de moussons. 1349 lou mardi deuant lapparilion. (Fr.)

> Le sceau de Pont-à-Mousson est très-bien conservé.

216. Hussons de Cleirmont preuos de S. M., Jacomins Pinchet clers, et Dommenges gardour dou seel de la preuostey d S. M., attestent que Jean Malars dallier et Meline suer au dis Jehan ont donney pour deu en aumone au couvent de S. M. a loffice de la pitancerie une rente annuelle de cinq sols sur un pré seant au ban de S. M. 1349, 26 jours en moix de Januier. (Fr.)

217. Les mêmes font savoir que Jehan de Banoncourt, filz Jean Joppart, et Mariette sa feme, ont vendu au couvent de l'abbaye de S. M. pour la pitancerie une rente annuelle de cinq sols sur plusieurs biens au ban et en la fin de Banoncourt. 1349 le 14 jours ou moix de feurier. (Fr.)

218. Hugues abbé de S. Mihiel et le couvent du dit lieu font, avec Henris de Tronuille, aumonier de la dite abbaye, un échange d'un cens de trente sols. 1352 en Septembre. (Fr.)

219. Deux chartes originales de 1356, qui concernent un cens de onze sols sur une maison en la halle deuant le marché aux bêtes, et un autre de quinze deniers sur une maison à S. Thiebault. (Fr.)

220. Deux chartes de 1357. Dans la première Jacomins dis douce aune et Ameline sa femme donnent à Girart de boullonuille aulmonier de labbaye de S. M. un cens annuel de seize sols et six deniers; dans l'autre il s'agit d'un cens de cinq sols pour l'office de la pitancerie. (Fr.)

221. Robert duc de Bar et Marquis du Pont fait savoir que Warnesons de Lehecourt a vendu à perpétuité à Maistre Thiebaut de Bourmont, conseiller du duc, vingt-cinq livres de rente annuelle sur ses biens et maisons à S. Mihiel. 1359. (Fr.)

> Indispensable pour la topographie de la ville de S. Mihiel. Sur la marge inférieure on trouve quelques notes de la main de Mr. Marchand. Nous faisons encore observer que c'est la première charte où nous ayons trouvé le mot feu (décédé), au lieu de „qui fut ou qui fuit“ cequi se trouve constamment dans celles d'une date antérieure et même encore postérieure. Nous avons ajouté, pour constater le fait, à ce numéro, deux autres de 1359 et 1361, où l'on trouve encore „qui fuit.“ Il paraît résulter de cette observation que le mot „feu“ dérive de „qui fut“ et non pas du latin functus d'où se serait plutôt formé funt, comme défunt de defunctus. Dans une autre charte de 1377 (N. 234) on trouve feu et fuit en même temps. Une seule charte de 1299 (No. 306) offre: „Colet Billee fu,“ cequi s'approche du mot feu.

222. Thiebauls Thomasseins preuos de S. M., Henrion dis le genre deu, bourgois de S. M. et Anceles Clers de S. M. gardours dou seel de la preuoste, font savoir que Fourques de Banoncourt et Marguerille sa feme ont vendu à frère Francois de S. M. conuers de lasmonne de S. M. la rente d'une quarte doile pour ardre en moustier en la chapelle de la dict almosne deuant notre dame de lasmonne. 1360 le 29 jour ou mois de Mars. (Fr.)

223. Les mêmes font savoir que Jannins li maliaoulz de S. M., fils Jehan lou grix, *qui fuit*, a vendu à Henriet Bochet une rente annuelle de six sols sur une maison en la rue de S. Thiebault, sauf le droit du duc de Bar. 1361, les jours en moix de Jannier. (Fr.)

> On a ajouté une autre charte de 1362, avec quelques notes de Mr. Marchand.

224. Huon de Lacroix, preuos de S. M., et Richier de Leuoncourt font savoir que Humbelet de Gondrecourt à donné a Jehan Blampois et à sa femme, a eux et a leur hoirs, une pièce de vigne au ban de S. M. en lieu con dit en Varizelles. 1362, le premier iour dou moix doctembre. (Fr.)

> Avec une note de Mr. Marchand.

225. Copie d'une charte de 1362, sur papier, authentiquée en 1458, par
laquelle Jehans escuierz de Longeville fils monseignour Thierry de
Longeville vend à perpétuité à Jaquet Bonnegre quatre fauchées de
prés en ban de Brasceites et *la chasse de dou buef* en ban de Brasceites chacun an.
>   Document fort curieux.

226. Pasquette feme Pouchet de Menonuille vend à perpétuité à Signour
Hanry de Chinquerey moine de labbaye de S. M. priour de la roche
dedans la fermetey de S. Mihiel lou tiers de dou faulcies de prey
en ban de Menonuille pour la somme de euict (huit) *escus dou cung
Jehan lou roy de france.* 1363, le 24 en mois de Jung.

227. Jehan de Gibelcourt vend à Humbelet de Gondrecourt et à ses héritiers lou quart entierement de toute la Riuiere et de toute la pe-
scherie pour la somme de seix vingt petis florins. 1363 lou vanredy
apres noel.

228. Les héritiers et exécuteurs de Mr. Jehan Ydee jadis curé de Pil-
lon donnent pour Dieu à freire Mille abbé de S. Benoît en Voivre et
à tout le couvent la moitie de toute la terre reuenances et emolumens
qu'avait passédés le dit Jehan Ydee. 1367 le mardi douseme jour ou
moix doclembre.
>   Voici le premier instrument notarié de ces archives, avec le signe de Ber-
> trand Husson de Troyous, notaire de lautoritey Imperiaul.

229. Coles Daberous, Ysabelz sa feme et Jehans filz à la dicte Ysabelz
vendent à Huon de Creux preuost de S. Mihiel et à Marguerite sa
feme vingt sols de petits tournois pour une rente annuelle de quinze
deniers sur une maison et appendices en la rue deuant labbaye. 1368
en mois daoust.

230. Seconde fondation d'une chapellenie en lonnour de deu de la vierge
marie sa meire et de monsignour Jehan baptiste subz la chapelle con
dict aulz apostres seant en dit monestere de S. Mihiel, par Huon de
la Creux et sa femme Marguerite. 1369 le 28 jours en moix de
Mars. (Fr.)
>   Cette très-grande et belle charte où sont spécifiés les revenus de cette fon-
> dation, est aussi importante que celle de 1334, N. 198b. On a ajouté la copie
> d'une charte latine de 1369 qui a rapport à cette fondation.

231. Charte de la fondation de l'autel de la Sainte Vierge, de S. Eloi
et de toute la cour céleste (totius curie celestis) en l'église paroiss-
siale de S. Mihiel, et des revenus pour quatre chapelains. 1263 de-
cima die mensis februarii.
>   Cette charte importante a la dimension de 21 p. de h. sur 17 p. de l. Tous
> les revenus de cette fondation y sont spécifiés de la manière la plus détaillée.

232. Robert duc de Bar, marchis du Pont, fonde et érige, du consentement du pape Gregoire unzieme, dans son bourg que on dit la nuefue
ville de Bar, une eccleise conuentual de freres hermitains de lordre
de sainct Augustin, 1375 le penultime jour du moix dauril. (Fr.)
>   Cette charte importante est de la meilleure conservation.

232ᵇ. Copie de cette charte, authentiquée en 1376 par le notaire impérial Jo. Perrin de Bar-le-duc.

233. Deux chartes de 1376 et 77, concernant l'une la moitié d'une maison a S. M. deuant labaye entre la maison de la chapelle de laumone et la maison *Ancillon* de *Nonsart*, l'autre dix quaterons de prey vendus à Humbelet de Gondricourt par Jannins li menestrier et Mariette sa feme pour la somme de *douze frans dor et de poix.*

234. Hanriens de S. Mihiel fils *feu* Jehan Wautherin vend à Marie et Heliette suers filles Pierret de Broussey *qui fuit* une maison à S. M. en la rue de la quoqueselle entre la maison mahillon et la maison *gratecule.* 1377 le dernier jour en moix dottembre. (Fr.) V. No. 221.

235. Charte de Robert duc de Bar marchis dou pont, concernant l'amortissement de la maison emplastre et edifiement que les religieuls abbé et couent de S. Benoit en Weyure ont en sa forteresse de la Chaulcie. 1377 le XXVI jour dou mois de may. (Fr.)

La charte porte la signature de Jean Vincent, secrétaire du duc.

236. Colignons dit Chouwars de S. M., filz Laurence dou terme, vend à perpétuité au couvent de l'abbaye de S. M. pour loffice de la pitancerie un cens annuel de trois soulz de petits tournois sur une maison en la rue dou terme. 1378 vingt jours en mois de nouembre. (Fr.)

Intéressante par l'indication de la valeur du gros tournois vieux d'argent et des deniers tournois vieux en monnaie.

237. Copie authentiquée (en 1381) d'une charte de 1379, par laquelle Robert duc de Bar confirme une donation de Humbelet de Gondrecourt en faveur des chapelains de la chapelle monseigneur S. Eloi en leglise parochial de S. Mihiel. (Fr.)

Le sceau de la prévôté de S. Mihiel est assez bien conservé. Nous avons ajouté une autre charte de 1380, par laquelle le même duc confirme une autre donation. On y voit que Humbelet de Gondrecourt avait été enseveli dans la dite chapelle.

238. Hammonet le mercier bourgeois de S. M. et Helewy sa femme vendent aux quatre chapelains de la chapelle feu Humbelet de Gondrecourt et à leurs successeurs quatre fauchées de prés au ban de Lemez pour la somme de dixneuf *frans dor* et de poix. 1382 le 23 jour en moix de may. (Fr.)

239. Mariette de Duson femme de feu Humbelet de Gondrecourt achète la moitié de quatre fauchées de prés au ban de Keures. 1383, 29 jour en moix de may. — (Fr.)

On a ajouté une autre charte de la même année au sujet de l'achat d'un pré en faveur des chapelains de la chapelle de Humbelet de Gondrecourt.

240. Charte originale de Robert duc de Bar marquis du Pont, relative à la fondation du couvent des frères de l'ordre de St. Augustin. 1383 le 10 jour du moix de Jung. (Fr.)

Charte fort importante. Le grand sceau du duc est bien conservé et mieux encore le contre-scel.

240ᵇ. Robert duc de Bar donne au prieur de Bar Jehan Chaulmont et à ses successeurs le four bannal et le pressoir bannal de Savonières, et accorde les bois gros et menus pour l'entretien du pressoir et un arpent de bois pour chauffer le dit four, à prendre annuellement au bois du Jure de Bar. 1383 le dixyeme jour dou mois de Jung. (Fr.)

> On voit dans cette charte intéressante qu'à cette époque la piece d'un gros tournois vieux d'argent avait la valeur de seize deniers.

241. „Jehan Thomas fil de feu Thomas Cochon et Lieduy sa feme déclarent quil pour eux et pour leur hoirs ont prix et assenciet a tous iours maix a cĕns annuel et perpetuel de l'abbaye de S. M. la maison du ban Et en ycelle maison y ait Retenu li dis abbes pour lui et ses successeurs que toutes foix quil li plairait a faire vendre son ban vin on le doit vendre en la dite maison.“ 1387 quatre jour en moix dottembre. (Fr.)

242. Robert duc de Bar compose les différends entre la ville de Mescrignes et les chapelains de St. Eloi à S. Mihiel, au sujet de plusieurs rentes et possessions. 1387 le tiers jour de Novembre. (Fr.)

> Charte de la plus haute importance. Les habitans de la dite ville avaient „pris, converti et appliqué à lusuaire de la forteresse qu'ils faisaient en leur dite ville, par ordonnance et autorité du duc, une maison, la grange dicelle et le coulombier et certaines pieces de terre, jardins etc. appartenans aux dits chapelains.“

243. Deux chartes, l'une de 1379 concernant un cens annuel de seize gros tournois sur une maison en la halle en la rue sur Meuze à S. M., l'autre de 1380 sur un don d'une piece de vigne en faveur de l'église de St. Blaize de la Roche de S. Mihiel. (Fr.)

244. Robert duc de Bar restitue à l'infirmerie de l'abbaye de S. M. une rente annuelle de „dix sextiers de moulture sur son moulin de Keures.“ 1390 le vinte septime jour de Januier.

245. Le même duc confirme la fondation et dotation de la chapelle Notre Dame au prieuré d'Hareville par le seigneur de Beffromont. 1391 le XXIX jour de Decembre.

> Le grand sceau du duc est assez bien conservé et mieux encore le contre-scel.

246. Trois chartes de 1392, 93 et 94, concernant des rentes annuelles sur plusieurs maisons à S. M. en faveur de la chapelle Humbelet de Gondrecourt et de la pitancerie de l'abbaye de S. M. (Fr.)

247. „Huons Bertrand, notaire impérial à S. M., fait cognue et manifeste“ que Jennette de Lucembourt, bourgeoise de S. M., a donné en son testament une rente annuelle de quatre gros d'argent „pour acheter oille pour mettre et ardre es lambes deuant lymage nre dame en la chapelle.“ 1395 le 24 jour du mois de mars. (Fr.)

248. Robert duc de Bar confirme la fondation et dotation de la chapelle de S. Nicolas (dans l'église paroissiale de S. Mihiel), faite par Jehan Meniaut de S. Thiebaut desoubz Bormont. 1395 le dernier jour de feurier. (Fr.)

> Cette charte importante où tous les revenus de la chapelle de S. Nicolas sont spécifiés, est de la meilleure conservation. Elle a 22 p. de h. sur 16 p. 6 l. de l. On y a ajouté quelques papiers relatifs à cette fondation.

249. Six chartes originales de 1396—99, concernant plusieurs rentes des abbayes de S. Mihiel et de S. Benoît. (Fr.)

La troisième a sur la marge une note intéressante de la main de Mr. Marchand.

250. Charte de fondation et dotation de la chapelle de Notre Dame des grottes, faite par Colet Rolans. 1399 die vicesima quarta mensis Novembris.

Cette charte importante est très-bien conservée. Elle a 20 p. de h. sur 19 p. de l.

251. Titre original de la fondation et dotation de la (première) chapelle de S. Nicolas par Jean Meniant; anno dni millessimo tricentesimo nonagesimo nono.

Tout aussi important que la charte de 1395 (No. 248). Elle a la dimensiou de 24 p. de l. sur 16 p. de h.

252. Henri de la Rappe, abbé de S. Mihiel, et tont le couvent approuvent l'amélioration des rentes de la chapelle de St. Nicolas par Jean Meniant, 1401 le 27 jour du mois de Jung. (Fr.)

Les rentes de cette chapelle y sont spécifiées en détail. Parmi les noms de ceux qui devaient des cens, l'on trouve Henri li percheminer (fabricant de parchemin). On a ajouté une autre charte de la même année, relative à la dite chapelle.

253. Cinq chartes de 1401—1411 sur diverses ventes et cens de maisons à S. Mihiel (Er.)

Ces chartes sont assez intéressantes pour l'histoire de cette ville.

254. Colin Joliot de Chauvoncourt et Jehanne sa femme reconnaissent tenir, à eux et à leurs héritiers, de Bauldet Aubert, bourgeois de St. M, une grange avec appendices en la rue sur Mueze et une fauchée de pré, pour un cens annuel de vingt gros tournois vieux, le gros pour seize deniers tournois vieux. 1411 le dixysme jour du mois Davril. (Er.)

255. Fondation et dotation d'une chapellenie en l'abbaye de St. Mihiel à l'autel Ste Marguerite, par Richier Aubron et Jacomette sa femme. 1411 le premier jour du mois de Decembre. (Fr.)

C'est une copie des clauses contenues dans le testament de Richier Aubron, faite et authentiquée par le notaire Huonns Bertrandi.

256. Joffrois de Nicey, abbé de St. Mihiel, et tout le couvent laissent, à cens annuel et perpétuel pour l'office de la pitancerie, à Colet Rolant, à lui et à ses héritiers, „la maison le selier et le meix darriere avecques toutes les espandices deuant et darriere, pour la somme de troix *deniers flanes a St. Anathoille* et pour la somme de sesze gros tournoix.“ 1412, 24 jours en moix daoust. (Fr.)

257. Edouard duc de Bar confirme et ratifie les lettres d'accompagnement des villes de St. Mihiel et de Condé, accordées par son grand père Henri et par sa grand'mère Yolande de Flanders „ayant la maimburine et gouvernement de ses enfans.“ 1415 le vnziesme jour dauril. (Fr.)

258. *Louis cardinal* duc de Bar marquis du pont ratifie et confirme de même les lettres d'accompagnement. 1416, le 27 jour dauril. (Fr.)

259. Henri de Laittre jadis prévôt de S. Mihiel et Heilin sa femme donnent, en aumône et à perpétuité, au couvent de S. Benoît en Woyure une place et édifice qu'ils ont en la ville de Thiaucouit avec toutes les appartenances, en la rue de la croix, près des fossés de la ville et forteresse du dit Thiaucourt. 1422 le 26 jour en moix Daoust. (Fr.)

> On a ajouté un autre document de 1423 sur une semblable donation faite au même couvent par Gros Collignon.

260. Testament de Jenette veuve de feu Jacommin Noire goulle, du 11 Septembre 1422. (Fr.)

> Document fort curieux en beaucoup d'égards et qui mérite l'attention de tous ceux qui veulent connaître à fond les moeurs et usages de cette époque.

261. Charte sur un cens annuel de dix-huit gros et demi sur une maison avec appartenances en la halle en la rue dite des fossez à S. Mihiel, en faveur de la chapelle de St. Nicolas. 1424 quatorze jours ou mois de Juillet. (Fr.)

> Elle porte les signatures de P. Malotel et Aubri Cusancon jurés de Mr. le duc de Bar au tabellionage de S. Mihiel.

262. *René* filz du Roy de Jerusalem et de Secille *duc de Bar* et *marquis du Pont conte de Guize* renouvelle le traité d'accompagnement avec l'abbé et le couvent de S. Mihiel. 1424 le penultime jour du mois de Septembre. (Fr.)

> Charte vraiment superbe et de haute importance. Elle a 20 p. de h. sur 19 p. de l.

263. Le Cardinal Louis duc de Bar confirme l'achat de la grande île, fait en 1401 par l'abbé et les religieux de S. Mihiel. 1425 le XXVIII jour au mois daoust. (Fr.)

> V. l'histoire de S. Mihiel, p. 172.

264. Document sur une rente annuelle et perpétuelle de six gros en faveur de l'abbaye de St. Benoît en Voivre. 1426 douzime jour du mois de Septembre. (Fr.)

> On a ajouté une autre charte de 1429 par laquelle, au nom de Louis cardinal de Bar, de Philippe comté de Nassowes de Sarrebruch et de Thiebault seigneur de Blammont, une rente annuelle de „huit bechet froment, seze bechet epeste et seze bechet avoine a mesure de la ville descei en Voivre,“ est adjugée à l'abbaye de S. Benoît.

265. Lettres patentes du duc René, concernant les droits de l'abbaye de S. Benoît au lieu de Lahaymeix. 1427 le XXI.I jour de novembre. (Fr.)

> Charte importante pour l'histoire du pays. Il y est question de subsides imposés à tous les villages pour aider et soutenir les frais et missions qu'il convient de faire pour la défense du pays et résistance des ennemis.

266. Grande charte du duc René par laquelle il accorde aux habitans de St. Mihiel l'exemtion de plusieurs droits et impôts. 1430 le dixnuef-mesme jour du mois davril. (Fr.)

> Il y est question, entr'autres, de harnois, chevaulx de harnois et chevaulx de selle etc.

267. Compromis entre l'église collégiale de la sainte croix à Pont-à-Mousson et l'abbaye de St. Mihiel au sujet du patronage et autres

droits en l'église „*Sancti Martini de thyergyo* de ponte mousson."
1436 die XXII mensis innii.

On a ajouté une autre charte de 1434 sur le droit de présentation à l'église paroissiale de Calcia metens. dyoces. V. aussi N. 319.

268. Sentence du prévôt de Bar, Edouart de la Mothe, au profit du prioré de Bar contre les demourans à Sauonnières en ban du dit prioré au sujet des corvées et autres droits. 1442 le XIX jour ou mois de feurier. (Fr.)

Grand document fort curieux.

269. Charte des Loys fils de Roy de Jer. et de Sic., marquis du pont, *lieutenant* de monseigneur en ses duchés de Bar et de Lorraine, concernant une vigne d'environ trois quartiers au ban de Bar. 1443 le second jour du mois de mars. (Fr.)

270. Charte de Theobaldi prieur de Notre Dame de Bar, datée du 10 jour de Novembre 1445. (Fr.)

Le dit prieur y déclare que Didier, fils légitime de Colson Morelle de Savonieres et de Colette sa femme, étant de servile condition à cause de sa mère, a péché contre les lois en se faisant donner la tonsure cléricale sans sa permission, et l'appelle en justice pour rendre compte de sa conduite.

271. Charte de Guillaume *évêque et comte* de Verdun, par laquelle il accorde aux religieux de St. Mihiel le droit d'incorporer à la mense conventuelle la chapelle abbatiale, fondée par le duc Wolfaud et sa femme. Die XV mensis februarii a. 1445.

Fort intéressante pour l'histoire de l'abbaye. On y a ajouté un Vidimus de cette charte, authentiqué, avec les signatures de Gerardus tihe et de Guido Jaquemin Groleti.

272. Deux chartes de 1448 et 49, dont la première concerne deux fauchées de prés données à la chapelle de St. Eloy; dans l'autre Dudier Rolant bourgeois et grand échevin de S. M. reconnaît avoir vendu à maistre Jaques *estudiant à Paris* et à Jaquemin son frère, enfans de feu Jehan Meniant, plusieurs pièces de prés pour la somme de trente-cinq frans.

273. Sentence pour le procureur des religieux de S. Mihiel contre les habitans de la ville de St. Mihiel, au sujet de la maladerie devant le pont de S. M., et de l'église y fondée. 1449 le 27 jour de Janvier. (Fr.)

On y a ajouté une copie authentiquée en 1716.

274. Sentence de l'official de Metz contre le curé de Xivrey et en faveur de l'abbaye de St. Benoît en Voivre, au sujet d'un demi-muid de blé et d'un autre d'avoine. XII mensis Julii a. 1449.

Grande charte intéressante par le mode de procédure dans les cours épiscopales.

275. Jehan filz de Roy de Jerus. et de Sic., duc de Calabre et marquis du pont, nomme son chapelain „messer Maulry descey, religieux de l'abbaye de S. M." prieur de St. Blaise de la Roche. Nancy, le XXIV jour de mars 1450. (Fr.)

276. Deux chartes originales de 1451 concernant *a*) la donation d'une fauchée de pré au ban de Menonville faite à la chapelle Notre Dame

en l'égl. paroiss. de St. M. — *b)* une rente de *vingt solz* tourn. *qui valent douze gros,* en faveur de l'abbaye de S. Mihiel, sur vingt-quatre fauchées de prés. (Fr.)

277. „Nicole de Brixey, abbé, et tout le couvent de S. Mihiel et Jean de Saint loup, escuyer seigneur de Ton et voué de la ville de Jainvillotte," donnent aux habitans de ce lieu la permission de bâtir des fours particuliers pour y cuire à leur commodité, pour une rente annuelle de deux gros. 1454 le premier jour du mois d'octobre. (Fr.)
> Document fort curieux.

278. Etienne de Saint Hillier, conseiller du roi de Jerus. etc., fait sàvoir que, pardevant *Didier Martin* et *Guiot Roncin* jurés de St. M., Prerart de Nancey et Marie sa femme ont donné en aumône et à perpétuite au prieuré de St. Blaise un jour de terre au ban de S. M. en lieu que on di *es vignes de Varizelles.* 1456, 24 jours en m. doctobre. (Fr.)
> La charte a les signatures de Martin et de Roncin. On y a ajouté une autre de la même année, par laquelle Jean Noiregoule vend à Perrenet Laguesse, prévôt de S. M., plusieurs pièces de prés. Elle est signée par Jean Meniant et Guiot Roncin.

279. *Ferri de Lorraine,* gouverneur du duché de Bar, renouvelle à l'abbé et au couvent de S. Benoît „les lettres dacquest et admortissement sur le gaignage de Houlmont" qu'on lui avait dérobées par malveillance. 1457 le XV jour de septembre. (Fr.)
> Charte curieuse et intéressante.

280. Sentence pour les religieux de S. Mihiel contre le maieur de la la mairie de Fraisne en Barrois, au sujet de plusieurs droits, rentes et revenus. 1459 le second jour du mois doctobre. (Fr.)
> Document curieux et de grand interêt. Il est signé par N. Dautreuille.

281. Grande charte originale, touchant la fondation de la chapelle *S. Nicolas* en l'égl. paroiss. *Notre Dame de Bar.* 1462 le 16 jour de feurier. (Fr.)
> Quatre feuillets gr. in Fol. Ce document est de la plus haute importance.

282. Traité entre René roi de Jerus. et de Sicile, duc d'anjou etc. et entre l'abbé et les religieux de S. Mihiel, touchant les différends qui étaient entre les officiers du Roi et de l'abbaye au sujet des droits, prérogatives, justices etc. des villes de S. Mihiel, Condé, Trognon, Bonancourt et Jainvillotte. 1463 le 23 jour de feurier.
> Traité du plus grand interêt, consistant en 10 ff. de velin gr. in-Fol. L'écriture en est grande et belle.

283. Le même traité. Copie authentiquée en 1481 par *Jaques France* et *Nicolas Daultreville.*
> Elle est très-soigneusement écrite et consiste en 12 ff de vélin in 4°.

284. René Roy de Jer. etc. duc d'Anjou etc. confirme la fondation d'une chapelle en l'égl. paroiss. de S. Mihiel pour y faire dire des messes et oraisons pour le remède *des âmes du collége du purgatoire,* et

l'érection d'une confrèrie et fraternité. 1463 le XXIII jour du mois doctobre. (Fr.)

La charte est signée par Henriet et Raoulet. Aussi y a-t-il la note: Visum per me O. archiepm Aquen. deux escuz.

285. Fondation d'un anniversaire pour Herbillon Clement de St. Mihiel à la confrèrie de Notre Dame, pour lequel il a donné neuf quarterons de prés et vingt-cinq francs d'argent. 1463 le sizieme jour du mois de Jullet. (Fr.)

Titre intéressant en beaucoup d'égards.

286. Deux chartes de 1465 et 69, dont l'une concerne la donation d'une rente de douze gros sur une maison devant l'abbaye, l'autre la donation testamentaire d'une demi-fauchée de pré, à la confrèrie de l'église de St. Mihiel. (Fr.)

L'une a la signature de Nicolas Saulin, prêtre et notaire, l'autre celle de Jaques France.

287. Grande charte de 1476, contenant un *transsumptum* ou *vidimus* de la fondation de la chapelle de Notre Dame des grottes dans le monastère de S. Mihiel, faite par Collet Roland et Jennonne sa femme.

Elle est authentiquée et signée par Gobertus Colignoni.

288. Deux chartes de 1478, concernant les prieurés d'Hareville et de Ste Marie de Latre.

L'une porte la signature de J. France, l'autre celle de Gerardus Guill. de Bourmont.

289. Grande charte par laquelle le conseiller Jaques Meniant donne aux religieux de l'abbaye de St. Mihiel plusieurs biens, terres et rentes. 1479 le premier jour du mois de mars. (Fr.)

Elle est signée par J. France et Andreu de Saint Hillier, procureur général du roi de Jérusalem. On a ajouté une seconde charte de 1479 dans laquelle plusieurs biens sont transportés au dit Jaques Meniant, signée par A. de S. Hillier et de Didier Gervaise.

290. Louis, roi de France, donne à l'abbé et au couvent de S. Michel à St. Mihiel congé et licence de faire mettre à exécution certaines bulles papales, concernant le prieuré de Notre Dame de Bar-le-duc. Donné *A zay le brulle* le XXI jour de Janvier 1480. (Fr.)

291. Didier Fourquignon et Isabelle sa femme d'une part, et l'abbé Wary de laual et les religieux de St. Mihiel d'autre part, font un échange de biens, specifiés dans cette charte. 1486 le 22 jour au mois de Janvier. (Fr.)

Intéressant pour les environs de S. Mihiel et de Trognon. La charte porte la signature de Robert Aincherin et de Fourquignon Lacellarde.

292. Sentence rendue au profit de venerable et religieuse personne frère prieur de Chastellet prieur de St. Gabriel et du Viel Moustier contre les habitans de Warneville, au sujet de plusieurs droits. 1492 le deuxiesme jour du mois doctobre. (Fr.)

Charte fort intéressante. Elle a 21 p. de h. sur 18 p. 6 l. de l.

293. Deux chartes de 1494 et 98, la première sur une rente de neuf *blans* monnaie de Barrois, l'autre sur un procès entre les religieux de S. Mihiel et quelques habitants de la ville. (Fr.)

> La première est signée par J. de Keures et J. de Nouvroy, l'autre par J. Quemmee.

294. Accord entre l'abbaye et les habitans de St. Mihiel pour les réparations du pont de Menonville, 1502 le 7 Juillet. (Fr.)

> Le sceau de la prévôté de S. M. est assez bien conservé.

295. Philippe comte de Lynenges, seigneur d'Apremont, vend à nobles conjoints Jehan Laudmot et à Barbe sa femme une rente de huit muids, moitié froment, moitié avoine. 1544, le 15 du mois de May. (Fr.)

296. Grande charte originale du 6 novembre 1548, par laquelle Maguillot, vicaire général de l'évêque de Verdun, confirme la fondation de la chapelle du *St. sépulcre* au cimetière du monastère de St. Mihiel, faite par Dom *Loupvent,* prieur de S. M., après son retour de la terre sainte.

> Le sceau est bien conservé. On a ajouté à cette charte intéressante une autre de la même année, par laquelle Jean Fresneau, abbé de S. M., confirme la dite fondation. Cette charte porte la signature autographe de J. Fresneau.

297. Vidimus d'une lettre du 28 Janvier 1533, dans laquelle est dénommé *Ligier Richier imagier* demeurant à St. Mihiel, pour sa maison rue de la place, maintenant la rue haute des fossés. 1553 le 20 octobre. (Fr.)

> Document d'autant plus intéressant qu'il y est fait mention de ce célèbre artiste à qui l'on doit les sculptures si renommées du St. sépulcre à St. M. Nous y avons ajouté un autre document non moins important, savoir le compte original et autographe de Dom Loupvent, où il a spécifié tout cequ'il a payé pour l'érection du dit St. sépulcre. On y trouve entr'autres la spécification de cequ'il a payé à Cugni Bertin, peintre, demeurant à Rambecourt, pour les peintures qu'il a faites en la dite chapelle. Cette somme se monte à soixante frans, „non compris les deux escriptures de devant et derrière les armoiries et les deux anges dicelle avec les quatres anges de loratoire du St. sepulcre." La somme totale, de laquelle Cuny Bertin a donné quittance, se monte à soixante-huit frans. Cette quittance autographe de Bertin consiste en cinq lignes, bien écrites, et son signe manuel. Ce signe manuel se répète encore trois fois. — De plus nous avons ajouté trois ff. de comptes originaux de la pitancerie, de 1535, 36 et 45 où il est fait mention de Ligier Richier, et un autre où l'on trouve Didier Jenson (de la famille du fameux Jenson, imprimeur à Venise?) „aux quels on a payé un franc pour ouvrage quil avait fait au Juber pour lever images" etc.

297b. Notices sur Ligier Richier et le s. sépulcre, de la main de Mr. Marchand.

> Nous y avons ajouté un rolo original de la taille de St. Mihiel en 1503, dans lequel, au verso du 4me feuillet, on trouve Jehan Richier, qui paraît être le père de notre artiste. On y trouve aussi Jehan Jenson.

298. Lettres d'ascencement des estaulx des drappiers de S. Mihiel estant soubs la halle. 1582 le vingtiesme jour du moys de Novembre. (Fr.)

> Avec les signatures de Dom René Merlin, abbé, et d'Alberic de Rosières.

299. Transaction entre les vénérables prieur et vicaire perpétuel de Notre Dame de Bar et les bourgeois de la ville de Bar, au sujet des dîmes de vin. 1604 le 26 Juin. (Fr.)

> Elle consiste en six feuillets de beau vélin, in-fol. On y trouve la signature autographe de Charles Cardinal legat et primat de Lorraine.

300. Sentence rendue au baillage de Hattonchastel pour l'enlèvement des grands filets que les pêcheurs de la rivière de Meuse, appartenant aux vénérables prieur et religieux de S. Mihiel, avaient laissés au pré de Lislotte, pour les dits sieurs vénérables contre les seigneurs du ban de Mazay.

> Très-grande charte et bien intéressante. ·

301. Dénombrement de ceque Claude de Fresnau, Dame de Pierrefort, Trougnon, Tremont etc., veuve de Messire Loys Jean de Lenoncourt etc. tient en fief foy et hommage de Msgr. le duc. 1627 le 19 jour d'aoust. (Fr.)

> Pièce fort intéressante, en six feuillets de vélin gr. in-Fol. Elle porte la signature autographe de la dite dame.

302. Lettre du pape Urbain VIII à Nicolas François de Lorraine, par laquelle il lui accorde certains revenus de l'abbaye de St. Mihiel. 1639, 12 Febr.

> Sur beau vélin, avec l'adresse: „Dilecto filio nobili iuiro Duci Nicolao Francisco à Lotharingia clerico coniugato Tullens. Dioces.“

SECONDE SERIE DE CHARTES ORIGINALES.

303. Conventions entre le prieur *S. Theobaldi* et le prieur *veteris Monasterii,* au sujet des moulins *pecunines.* MCXXXV.

> Charte de haute importance. On y fait mention, entr'autres, de Habertus de Buxeio, du comte Rainaldus, de Theodoricus castellanus Barri, Wiricus de Belrṛ. Hisembardus infans, Walterus de Laumont. La convention a été faite en présence de l'abbé Lanzon et de beaucoup de témoins parmi lesquels se trouvaient Rohardus uillicus, Gonterus scabinius, Rohardus pinguis. Affuit et totum placitum abbatis.

304. Deux chartes, l'une du comte Henri de Bar sur deux muids de froment des dîmes de Leuoncort, donnés par Pierre de Bormont cheualier, 1216 mense martio; l'autre de Nicholes doians de Saint Masse de Bar, concernant les dîmes de Leuoncort, 1275 *el mois de feuirier londemain de Lachandelor.*

> La dernière est fort intéressante par rapport à la langue. Le donateur était Symonnins de Nueuuille sor Ourne fis signor Warniers de N. Une copie de l'une et de l'autre est ajoutée.

304ᵇ. *Jean* élu de Verdun accorde à l'abbé et au couvent de St. Mihiel „Que se il font en bonne foi Compagnie et marchie au Cente de Bar. des marchies. et des foires de Saint Mihier et de Condei. et des Bois qui appendent a leglise de S. M. que il le facent." 1251 Lumdemain de lasumption nostre dame. (Fr.)

> Nous y avons ajouté les observations de Mr. Marchand sur les traités d'accompagnement et plusieurs autres papiers y relatifs.

305. Hawiete femme Formei de Bossonville fait savoir qu'elle et ses héritiers après elle doivent à l'abbaye et au couvent de St. Benoît un cens annuel de XV d. fors. 1280 ou moi de Junet. (Fr.)

> Intéressant par rapport à la langue. On a ajouté une autre charte de 1294, très-belle et non moins intéressante, sur la vente d'un estaul en maseis de S. Mihiel.

305b. Quatre chartes originales de 1296 et suivv., touchant les moulins de St. Mihiel, avec un mémoire fort important sur ces moulins par Mr. Marchand.

306. Lettre de donation de la maison du banvin à St. Mihiel. 1299 on mois de Jun.

> V. la note au numéro 221.

307. Henri comte de Bar donne à l'abbé et au couvent de St. Mihier et au priour de S. Thiebaut la maison deu (l'hôpital) de saint Thiebaut desous Bourmont. 1301, le venredi apres la feste s. marc on mois dauril. (Fr.)

> Une copie collationnée est ajoutée.

307b. Labbé *Willerme* de St. Mihiel, du consentement de tout son couvent, fonde la chapelle de l'hôpital de l'abbaye. 1308 mense decembri in vigilia natalis domini.

> Charte originale, écrite peu de jours avant la mort de Willerme. Dom de d'Isle n'en connaissait qu'une copie. V. Hist. de S. M. p. 159.

308. Jean de Molans doyen et tout le chapitre de l'église de Toul confirment à l'abbé et au couvent de S. Mihiel l'union et incorporation de la chapelle d'*Anuecourt* au prieuré de S. Thiebaut. 1317, die sabb. post festum b. Lucae.

309. Renaulz dis Peillardeils maires dou *pont amossons* et les échevins dou leu font savoir que *Ancillons* diz *noquas* et Katherine sa femme ont vendu en héritage a Jehan de Jandelaincourt escuier un cens annuel de quatre sols sur sinct homees de vigne et les arbes dedens les dictes vignes. 1333 lou marcredi dauant feste S. Vincent en moix de Jenuier.

> Nous y avons joint une autre charte de 1334 au sujet des dîmes d'Aunoy et de Vertizeal.

310. Robert duc de Bar.. marchis du pont.. permet à Husson Chaulmont de Bar de donner en aumône à l'église paroissiale de Bar vingt-cinq liurees de terre. 1366 le XXII jour du moix de Januier. (Fr.)

> On voit dans cette charte que le conseil du duc se composait alors de Mess. Jehan de Salmes, Mess. Jehan de Billy, Mess. Robert des Hermoises et Humbelet de Gondrecourt.

311. Robert, comte de Bar, pour exécuter le testament de son père Henri, et pour *décharger sa conscience*, fonde, en l'abbaye de St.

Mihiel, un anniversaire, moyennant une rente annuelle de cent sols.
1375, le penultime jour du moix Dauril. (Fr.)

> Ce n'est donc que 31 ans après la mort de Henri, qui mourut en 1344, que
> cette clause de son testament fut exécutée.

312. *Hanris* de la *Rappe*, abbé de l'abbaye de S. Mihiel, et tout le couvent font savoir qu'ils ont ascensé à perpétuité à Aubert dit le Petit et à Colette sa femme et à leurs héritiers une maison en la halle, pour une rente de cinq sols petits tornoix. 1387 le XXVII jour du moix daoust. (Fr.)

> Cette charte intéressante nous fournit la preuve irréfragable que l'élection
> d'un successeur à Hugues de Tillis a eu lieu avant 1389, date qui est fixée
> par les catalogues de l'abbaye. V. Histoire de St. M. p. 165. Nous y avons
> ajouté une autre charte du même abbé, de 1395, concernant un cens d'un fran
> sur une maison en la halle de St. M.

313. Charte originale du 18 jour du mois doctobre en 1404, concernant la propriété de la place „con dit la hallette ou souloient estre de anciennete plusieurs estaulz a pain seans on marchie deuant la Boucherie du Bourg de S. M. etc.“

> Cette charte est très-intéressante pour la coutume de St. Mihiel par le mode
> de pocéder en justice publique. Une copie collationnée est ajoutée.

314. Vingt-sept chartes originales de 1403 et suivv. et plusieurs autres papiers, concernant le prieuré de St. Blaise.

> La plûpart de ces documents, indispensables pour l'histoire du dit prieuré,
> de la ville de St. Mihiel et des environs, sont d'une conservation parfaite.

315. Accord entre le doyen et le chapitre de l'église de Saint *Maxe* de *Bar* d'une part, et les chapelains de la chapelle de St. *Eloy*, fondée en l'église paroissiale de S. Mihiel par feu Humbelet de Gondrecourt, d'autre part, au sujet d'une rente de blé. 1405 en mois de feurier. (Fr.)

> Important en beaucoup d'égards. Nous y avons joint une autre charte de
> 1422, touchant la même rente.

316. Grande charte de *Loys Cardinal duc de Bar*, marquis du pont, par laquelle il adjuge à l'abbaye de S. Mihiel la propriété des rivières de St. Mihiel, de Menonuille et de Han. 1418 le 3me jour de novembre. (Fr.)

> Deux copies collationnées en 1694 et 1751 sont ajoutées.

317. Grande charte originale du même, datée du VI. de Nouembre en 1418, touchant les droits de poids et mesure à Condé. (Fr.)

> Un extrait de cette charte intéressante, avec quelques notes de la main de
> Mr Marchand, est ajoutée, de même une autre charte de 1447, touchant les
> dits droits, d'un intérêt tout particulier.

318. Grande charte originale de 1425, contenant une sentence qui condamne Collot le Beau à l'amende de 60 sols pour fait de pêche. (Fr.)

> Une très-belle copie sur quatre ff. in-fol. est ajoutée. Intéressante au sujet
> des droits de l'abbaye et du duc.

319. Charte originale de 1446, touchant un procès entre l'abbé et le couvent de St. Mihiel, d'une part, et le prévôt et le chapitre de l'église de la sainte croix à Pont-à-Mousson, d'autre part, au sujet du droit

de patronage en l'église paroissiale de S. Martin „de *thireyo* in parte dicti pontismontionis." V. N. 267.

320. Jean de *Saint Loup* seigneur de Ton et bailli du Bassigny reconnaît l'abbé et couvent de S. Mihiel pour Seigneur haut Justicier, moyen et bas de Jainvillotte. 1449 le second jour de Mars. (Fr.)

> V. l'histoire de S. Mihiel p. 173—177.

321. Grande charte originale de 1497, contenant une sentence en faveur de l'abbaye de S. Mihiel au sujet de la jurisdiction moyenne et basse en tout le ban et territoire en lequel est compris le ban des malades. (Fr.)

322. *Gerard de Franelz*, abbé de St. Mihiel, considérant les services, amitiés, curialités et secours, tant en prêts d'argent „comme autrement pour payer son vaccant," que les religieux lui ont rendus, leur accorde le rachat des dîmes de Romont et de cinq muids de mouture sur le moulin de Lahayecourt. 1502, le dixiesme jour du mois de Jung. (Fr.)

> Charte très-intéressante pour l'histoire de l'abbaye.

323. Fondation de D. Charles le pougnant, ancien abbé de Notre Dame de la Challade, pour l'entretien de deux jeunes enfants au monastère de St. Michel. 1629, le 29 may. (Fr.)

> Cinq ff. de vélin pet. in-fol. Une copie sur papier est ajoutée.

324. Statuts de la congrégation des prêtres par Jean Porcelletus, évêque et comte de Toul. 1612, mense Junio.

> Cette charte porte deux fois la signature „Pouricellet." Une copie est ajoutée.

325. Fondation de plusieurs messes au couvent des Minimes à St. Mihiel, faite par le seigneur Charles Durre, seigneur de Thesseires Commercy pour la part de Sarrebruche. 1624 le 21 jour du mois d'Aoust. (Fr.)

> La première ligne, en grands caractères, est écrite en or et couleurs.

---

326. Cinq chartes originales de 1214 (lat.), 1263, 85, 92 et 98. (Fr.)

> a) Au sujet d'une vigne à Trognon et d'un moulin à S. Mihiel, près la maison de Hugo de Creue. b) sur la maison farrant à S. M. c) Lettre d'accompagnement entre Dans Ferris abbé et le couvent de St. Benoît et Thiebault comte de Bar. d) sur une maison en la rue de la hale. e) au sujet d'un cens de cinq sols sur un meix à St. Mihiel.

326b. Trois petites chartes de 1217, 1220 et 1221, sur les dîmes de *Linières*, de *Salmagne* et de *Leuoncourt*.

> On y trouve Petrus filius dne elisabeht de Herpont et frater suus Walterus, Willelmus miles de belloramo, Johannes miles de vallibus, H. miles de Amella.

327. Quatre chartes originales de 1354, 73, 89, 91. (Fr.)

> a) Humbelet de Gondrecourt, receveur du duché de Bar, achète une pièce de vigne en finnige de S. M. b) vendage d'une maison à S. M. c) rente de 5 vieux gros sur une maison. d) cens perpétuel d'un gros tournois vieux sur un meix à S. M.

328. Quatre chartes originales de 1402 (lat.) 1408, 1410, 1413. (Fr.)

a) Consécration des autels de la ste Vierge, de St. Etienne et de St. Sébastien en la paroisse de S. M. b) Cens de 3 sols au profit du prieuré de St. Thiebault. c) Cens de 17 gros sur une maison à St. M. d) Cens de 6 gros et demi pour Jennette, veuve de feu Jacomin Noire goulle, laixeresse.

329. Sept chartes originales de 1413—1436. (Fr.)

Elle sont toutes assez intéressantes pour l'histoire de la ville de St. Mihiel. Dans la seconde il est question de la maison de la Monnaye de Mr. le duc; dans la troisième de la chapelle fondée au bourg par Jehan de Brieulles.

330. Huit chartes originales de 1442—1449. (Fr.)

Non moins intéressantes.

331. Six chartes originales de 1452—58. (Fr.)

332. Trois chartes originales de 1461—1465. (Fr.)

Intéressantes pour St. Mihiel, la Chaulcie et Pont-à-Mousson.

333. Trois chartes originales de 1466—1479. (Fr.)

La première concerne la chapelle de St. Eloy, la seconde un échange et transport pour la confrérie de St. Nicolas, la troisième la fondation Meniant.

334. Quatre chartes originales de 1481—1490. (Fr.)

Intéressantes pour la Francheville, la chapelle de St. Eloi, et Longeville.

335. Quatre chartes originales de 1503—1515. (Fr.)

La première, fort intéressante, concerne la réparation de la paroisse et le payement des ouvriers y employés, la quatrième une sentence en faveur de la fabrique de l'église paroissiale de st. M. contre Didier Martin de St. Thiebault.

336. Deux chartes originales de 1522 et 1525. (Fr.)

La première est signée par Didier Henriet et J. Thomassin, la seconde par Blaise Breton, maistre es ars, et J. Mondore de Trognon.

337. Cinq chartes originales de 1551—52, touchant des rentes de l'abbaye de S. Mihiel. (Fr.)

338. Quatre chartes originales de 1554—1579. (Fr.)

Intéressantes pour l'histoire de l'abbaye de S. M.

339. Huit chartes originales de 1580—1589. (Fr.)

Intéressantes pour Hanonville-sous-les-côtes, — Ramblusin, Hatton et pour l'histoire de la chapelle Meniant. La dernière en latin.

340. Cinq chartes de 1607—1609, touchant des rentes de l'abbaye et du couvent des minimes au faubourg St. Thiebault. (Fr.)

341. Six chartes originales de 1614—1624, dout la dernière concerne le vendage de l'office de l'hostelier et d'une maison en dépendante. (Fr.)

342. Neuf chartes intéressantes de 1630—1697. (Fr.)

COLLECTIONS DE MR. MARCHAND.

343. Grand paquet de papiers, la plûpart de la main de Mr. Marchand, où l'on trouve de profondes études sur l'histoire de la Lorraine, des comtes de Bar, de la ville de St. Mihiel et des environs.

344. — — sur l'histoire de St. Mihiel, touchant les abbés, les couvents, les échevins, gouverneurs et administration de la ville, les baillis, les lieutenants généraux, la prévôté, les prévôts, la paroisse et les cimetières.

> On y trouve entr'autres une histoire excellente de l'église St. Etienne, de la main de Mr. Marchand.

345. — — touchant les Carmes, les chanoines réguliers, les carmelites à St. Mihiel.

346. — — contenant entr'autres l'histoire de la jurisdiction et de la coutume de St. Mihiel, par Mr. Marchand.

347. — — sur la ville, les faubourgs, les portes, les rues, la maison du banvin, les ponts et l'hôpital de St. Mihiel.

348. — — concernant le prieuré de St. Blaise, portes, rues, translation de l'abbaye, villages des environs, estaulx dans la halle; description de plusieurs cantons.

349. — — de pièces originales sur le siége et la rançon de la ville de St. Mihiel de 1635—1707.

> Toutes ces pièces sont du plus grand intérêt.

350. — — Histoire l'abbaye et de la ville de St. Mihiel par Mr. Marchand, avec quantité de documents y relatifs.

351. — — Description historique et statistique des cantons de Ligny, Souilly, Triancourt, Vavincourt, Charny, Ancerville, le Claon, Vaucouleur, Void, Verdun et de Stenay.

252. — — Collection de pièces relatives à l'église d'*Insming*, le village de *Salone*, le prieuré de *Marcy*, les prieurs de *S. Blaise* et de *Notre Dame*, les habitans de *Parroches*, et autres.

> Toutes ces pièces sont indispensables pour éclaircir l'histoire spéciale de ces contrées.

353. — — de papiers, mémoires et pièces, relatifs au chapitre de St. Léopold et à la paroisse de St. Mihiel.

354. — — de papiers et documents sur l'union des deux églises de S. Maur d'Hattonchâtel et de S. Nicolas d'Apremont, et leur translation dans l'église paroissiale de St. Mihiel; l'église de Voinville, Banoncour, Bouconville etc.

355. — — de papiers et documents pour l'histoire de St. Mihiel, avec des notices de la main de Mr. Marchand.

356. Registre et ordre des obits et autres services dans l'église paroissiale Notre Dame de Bar.

> Manuscrit du XVIII siècle, 81 ff. pet. in-fol. Il est de la plus haute importance pour l'histoire de cette église.

357. Obituaire de l'abbaye de S. Mihiel. Manuscrit du commencement
du XVII siècle. Pet. in-fol.

Il ne commence que par le troisième jour de Janvier, mais il est beaucoup
plus complet et tout aussi important que celui sous le numéro 4 de ce catalogue.

358. Estat et declaration de tous les droits et Reuenus annexes aux offices claustraux qui appartiennent à Messieurs les Prieur et Religieux
de St. Mihiel. 40 ff. in Fol.

Manuscrit intéressant et très-beau, de la fin du XVII siècle.

359. Catalogue des gens qui composaient la maison de Mr. *Paris* l'ainé
et de ses frères, réunis et rassemblés à Sempigny dans le temps de
leur exil en 1726, avec des notes historiques.

Manuscrit de 4 ff. fort intéressant. Nous y avons ajouté un fragment de
l'histoire chronologique de Lorraine par Mr. Marchand, et une description
du canton de Varennes.

360. Lot de plusieurs pièces intéressantes, tant imprimées que ma-
nuscrites.

On y trouve entr'autres 7 feuillets gr. in-fol. d'une carte dessinée de la
Lorraine, et une autre des environs de Bitche; quelques dessins intéressants,
un arbre généalogique des ducs de Lorraine, ms.; une généalogie de Messieurs Le Petit de 1504—1722 (impr.); une belle copie de la fondation de
l'hôpital ou maison dieu de Bouconville, et une carte de l'Alsace en 3 ff.
de 1727. —

***

361. Histoire de la célèbre et ancienne abbaye de St. Mihiel, précédée
de cinq discours préliminaires avec l'abrégé de la vie du cardinal de
Retz et de plusieurs grands hommes, par Dom Joseph de l'Isle. Nancy,
1757, 4. Veau.

Chargé de notes et additions importantes de la main de Mr. Marchand.

362. *Walther*, Jo. Lud., Lexicon diplomaticum, abbreviationes syllabarum
et vocum in diplom. et codd. a Sec. VIII ad XVI exponens, iunctis al-
phabetis et scripturae speciminibus integris. Gottingae, 1752, 3 part.
en un vol. gr.-in-fol. Bas.

Bel. exempl. d'un livre rare et important.

363. Procès-verbal de l'assemblée du département de la Meuse, tenne à
Bar-le-Duc, en Novembre et Décembre 1791. Bar-le-Duc, s. a. 4. br.

364. Neuf pièces de mémoires imprimés aux XVII—XVIII siècles. in Fol.

Ces pièces concernent l'abbaye de St. Mihiel, les Jésuites de Pont-à-Mousson, les habitans des bans de Broussez et Raulecourt, et l'église de Flin. La
dernière contient la bulle de canonisation de b. Joann. a Cruce par Bened.
XIII. Paris, David, 1727, 6 ff. — Plusieurs de ces mémoires ont des pièces ju-
stificatives de grand intérêt.

AUTOGRAPHES.

1. Document sur vélin de 1509, avec la signature *d'Anthoine, duc de Calabre, de Lorraine* etc.

2. Document sur vélin de 1530, avec la signature de *Renatus de Maria,* perpet. commendatar. monasterii S. Michaelis.

3. Document de 1534, s. v., avec la signature de *Jean de la Grange,* official de Verdun. Avec sceau.

4. — de 1549, s. v., av. la sign. de *Gilles de Ramberuiller,* écuyer lieut. en la prevoste de Commercy. Avec le sceau de la prévôté de Commercy.

5. — de 1566, s. v. av. la sign. de *Jean Fresneau,* abbé commendataire de S. Mihiel.

6. Décret du duc *Charles,* de 1577, sur papier, avec sa signature autographe.

7. Document sur vélin, de 1579, avec la signature de *Charles,* duc de Lorraine.

8. — — de 1585, avec la signature du même duc.

9. — sur papier, de 1594, av. la sign. de *Charles,* Cardinal de Lorraine, Evêque de Strasbourg et Metz, abbé de S. Mihiel. Avec le sceau très-bien conservé.

10. — sur vélin, de 1596, avec les signatures de *Joh. Hieronymus,* Prieur, *Didier de Metz,* pitancier, *François* de *Seraucourt,* trésorier, *Jean* de *Mayzee, Didier Chaffault,* Did. *Bournon,* R. *Merlin, Jean* de *Haronville,* P. *Maillet, Franç.* de *Gourpi,* religieux de St. Mihiel.

11. — s. v., av. la signature de A. *Baron,* official de Verdun.

12. — s. p., de 1601, av. la sign. de *Charles,* Cardinal de Lorraine.

13. — s. p., de 1602, avec la signature de *Charles,* duc de Lorraine.

14. — s. p., de 1610, avec la sign. de *François de Serocourt, abbé de St. Benoist.*

15. — s. p., de 1615, avec la sign. de *Henri de Lorraine, abbé de St. Mihiel.* Avec son cachet très-bien conservé.

16. — s. p., de 1620, avec la signature du même *Henri* (en latin) Avec son sceau bien conservé.

17. — s. vél., de 1622, avec la signature du même.
    C'est une grande charte de la plus belle conservation.

18. — s. vel., de 1631, av. la sign. de N. F. *Cardinalis a Lotharingia.*

19. Lettre originale de *Pierre Ernest d'Ouvent* seigneur de *Tavigny,* et de H. *Medard,* envoyés de l'archévêque de Trèves, datée de Maiance, 29 May 1633 et addressée à Mr. de la Grange, ambassadeur de sa majesté treschretienne.
    Cette lettre, de deux pages in-fol., est très-intéressante pour l'histoire de la guerre de trente ans, et mérite d'être publiée en entier.

20. Lettre originale de l'ambassadeur *La Grange aux Ormes*, du XII fevr. 1633. 3 pages, in-fol.

> Cette lettre est aussi importante que celle qui précède. Plusieurs passages sont écrits en chiffres.

21. Document s. p., de 1634, avec la signature de *Pierre Del Bene,* conseiller d'Etat du Roy. Avec le sceau du Cardinal Alexandre Bichi.

22. Lettre originale de *Jean Comte Palatin, Duc de Deux Ponts* à Mr. La Grange aux Ormes, ambass. en Allemagne, du 29 Janv. 1635. Deux pages, in-fol.

> De grand intérêt historique.

23. Lettre originale d'un anonyme, datée de Worms le 8 apuril 1635, et addressée à Mr. de La Grange, 3 pages, in-fol.

> L'auteur de cette lettre, connu à Mr. La Grange, n'a point voulu se nommer, mais on pourra bien le constater d'après son cachet aux armes qui s'y trouve deux fois. Elle est fort curieuse et importante. On y trouve, entr'autres, le passage suivant: „Le Chevalier est party le deuxime de ce mois aprais auoir diné ches le duc B e r n a r d dou il partit s a n s a u c u n e s o i f etgalement satisfait l'un de l'autre.‟

24. Document sur vélin, de 1637, avec la signature de *Paul Cachet,* abbé de St. Mihiel.

25. Document sur vélin, de 1640, avec la signature de *Jac. Bournon,* chancelier et official de Verdun. Avec le sceau.

26. — s. pap., de 1645, expedié à Bruxelles le prem. Juin, avec la signature de *Charles* (IV) de Lorraine.

27. — s. p., de 1650, avec la signature de *Pierre Bedacier Evêque d'Auguste.* Avec sceau.

28. — s. p., de 1658, avec le sceau et la signature de *Caelius Piccolomini, archévêque de Césarée,* nonce du pape.

29. — s. p., de 1661, avec la signature de *Geruaise,* fondateur de l'hospital des Convalescens de Paris. Avec cachet.

30. — s. p., de 1663, av. la sign. de *Maimbourg,* conseiller destat. Avec sceau.

31. — s. vél., de 1667, avec la sign. de *Charles* (IV) de Lorraine.

32. — s. vél., de 1670, avec la signature d'*Andreas du Paussay,* Evêque et comte de Toul. Av. sceau.

33. — s. pap., de 1671, av. la sign. et le sceau de *Charles* (IV). Daté de Cologne le trois. Novembre.

34. — s. vél., de 1676, av. la sign. de *Du Plessis,* avec cachet.

35. — s. pap., de 1681, av. les signatures de *Dominique Callot, abbé de Lestanche, et de Paul Reichinger souprieur.*

36. — s. pap., de 1684, avec la signature et le cachet de *Henricus Henezon* abbé de S. Mihiel.

37. — s. pap., de 1693, avec la sign. et le cachet de noble *Jean Louis Rehel* seigneur d'Issoncourt.

38. Document s. vél., de 1701, avec la signature de *Leopold* Duc de Lorraine.

39. — s. vél., de 1705, av. la. sign. du président *D'Alençon.*

40. — s. pap., de 1707, av. les sign. de Dom *Gabriel Maillet,* abbé de St. Mihiel, de *H. Gillot,* prieur claustral, et de 20 autres membres de l'abbaye de S. M.

41. — s. vél., de 1708, avec la signature du duc *Leopold.*

42. — s. pap., de 1708, avec la sign. de *Hippolyte de Bethune* euesq: *C. De. Ucrdun.* Avec le grand sceau.

43. — s. vél., de 1709, avec la signature *N. A. de Thevenin,* chevalier Seigneur de St. Juillien et Mescrigne.

44. — s. vél., de 1712, avec les signatures du duc *Leopold* et du président *D'Alençon.*

45. — s. vél., de 1716. avec les sign. de *de Thevenin,* de *Fitzgerald, S. Thonin, D. Loupmont* et autres.

46. — s. vél., de 1732, avec la signature d'*Elisabeth Charlotte,* régente de Lorraine.

47. Trois lettres originales de Fr. *Antoine Rivet,* Bénédiclin au Mans, à Dom Ildefonse Catelinot, bibliothécaire de l'abbaye de St. Mihiel, de 1739—47. —
> Ces lettres sont fort intéressantes. Rivet travaillait alors au huitième volume de l'histoire littéraire de la France.

48. — de 1743, avec les cachets et les signatures de L. A. de *Lenoncourt,* abbé de St. Mihiel, Dom Bened. *Martin,* prieur, Dom Seb. *Guillemin* et de Dom Jos. *de l'Isle (auteur de l'histoire de St. Mihiel.)*

49. — de 1751, signé par Ant. Martin de Chaumont, chev., marquis *de la Galaizière,* chancelier etc.

50. — de 1751, signé par *Humbert Rolin* doyen et *D. Joseph de l'Isle* prieur de St. Mihiel.

51. — 1751, sur vélin, avec la signature de *Stanislas Roy* de Pologne etc.

www.ingramcontent.com/pod-product-compliance
Ingram Content Group UK Ltd.
Pitfield, Milton Keynes, MK11 3LW, UK
UKHW020047100726
13658UKWH00004B/1606